青少年超高效学习

每天一个开窍记忆金点子

《青少年成长智慧库》编委会　编著

天津出版传媒集团

天津科技翻译出版有限公司

图书在版编目（CIP）数据

每天一个开窍记忆金点子 /《青少年成长智慧库》编委会编著 . — 天津 : 天津科技翻译出版有限公司 ,2012.11（2021.7 重印）
（青少年超高效学习）
ISBN 978-7-5433-3124-2

Ⅰ . ①每… Ⅱ . ①青… Ⅲ . ①学习方法－青年读物 ②学习方法－少年读物 Ⅳ . ① G791-49

中国版本图书馆 CIP 数据核字 (2012) 第 232743 号

出　　版：天津科技翻译出版有限公司
出 版 人：刘子媛
地　　址：天津市南开区白堤路 244 号
邮　　编：300192
电　　话：（022）87894896
传　　真：（022）87895650
网　　址：www.tsttpc.com
印　　刷：天津画中画印刷有限公司
发　　行：全国新华书店
版本记录：889 × 1194　16 开本　8 印张　180 千字
2012 年 11 月第 1 版　2021 年 7 月第 2 次印刷
定　价：36.00 元

前言 Preface

在我多年辅导学生的经历中，曾经碰到很多为记忆力苦恼的学生。这些学生在小学的时候成绩非常好，记忆学习内容既快又准确。但是，到了中学后，他们的记忆力好像开始下降，面对日益复杂的学习内容，他们开始感到无从下手；到了考试的时候，更加手足无措，于是成绩也不理想，成绩不理想又加重了对自己的不信任，这样形成了恶性循环，学习变成了一个巨大的包袱，整天压得他们喘不过气来。

确实，面对同样复杂的学习内容，有的同学记忆起来轻松愉快，而且效果很好；有的同学忙得焦头烂额，非常辛苦，记忆效果却不好。为什么会有这么大的差别呢？我想，最重要的原因是：你是否掌握了科学、高效的记忆方法。

我经常问那些前来咨询的学生："你对自己有信心吗？""学习的时候，你会设法让自己高兴起来吗？""你对一篇文章如何有效记忆有什么看法吗？"回答皆是很茫然的。由此可见，他们对于如何去有效记忆还是很盲目的，所以成绩才会不理想。

本书就是针对现在学生在学习方法上存在的种种盲目行

为，配合生动有趣的故事，给学生提出切实可行、明确有效的学习方法指导。

本书最主要的特点便是，既注意基本理论的通俗介绍，又注重技巧的探讨与训练。如果你能按照本书介绍的理论方法，坚持不懈地训练，你的记忆将会有明显的改变，学习成绩也会显著提高。

愿这本书带给你意想不到的惊喜！

目录 Contents

第四章　轻松记忆的技巧

第五章 掌握记忆的窍门

第六章 各门学科的记忆要领

第一章 自我检测记忆力

记忆力的初级检测

因为很少有人主动去测试他们的记忆力，所以，很多中学生也错误地认为自己记忆力的潜力和习惯一定受到了某种限制。如果之前并没有受过一定的训练，你可能会觉得下面所要求的一些任务非常难以完成，甚至是不可能完成的。

但是现在我要告诉你，经过了本书前面部分的引导和训练，下面的测试练习一定是令人愉快的。

另外，如果你想跳过本次测验，那我建议你还是认真地对自己的记忆力做一次测试。因为如果不进行这样一次测试，你就很难看到自己的进步，就很难发现自己的记忆力经过有效训练之后的惊人效果。

在所有这些测试中，时间因素是很重要的。因此，在开始测试之前你需先看下表。

测试1：

用5分钟记下面10个历史事件与年号，然后用纸把年号盖上，凭记忆把年号写出来，一个1分。

美国费城第一次大陆会议	1774年
发现菲律宾群岛	1521年
英国清教徒在美国普利茅斯登陆	1620年
在美国诞生第一部电报机	1843年
在英国诞生第一部印刷机	1474年
莱特兄弟发明飞机	1901年
第一次将大学学位授予妇女	1841年
本尼迪克特·阿诺德诞生	1741年
美国买下佛罗里达	1819年
阿克的女儿琼被处火刑	1431年

得分：

测试2：

用4分钟记下面10张扑克牌的点数，并设法记住它们的顺序。像前一次一样，设法把它们回忆出来。如：记住的是红桃3，还要知道它排列在第八。依次类推，一个1分。

1.黑桃A　　6.黑桃Q
2.梅花9　　7.梅花J
3.方块2　　8.红桃3
4.黑桃5　　9.梅花6
5.方块8　　10.黑桃6

得分：

测试3：

在60秒钟的时间内记住下面的10项内容。这一测试的目的是让你以随机顺序记住所有的项目，同时记住它们相应的号码。60秒后填写答案，答对1个得1分。

1.报纸　　6.手机
2.树　　7.电灯
3.医院　　8.蜜蜂
4.沙发　　9.刷子

5.集市　　　　　10.牙刷

按下列指定的号码次序填入你所记住的事项。

(2)：

(8)：

(5)：

(3)：

(6)：

(1)：

(10)：

(4)：

(9)：

(7)：

得分：

测试4：

将下面的10项只看一次，努力记住内容及顺序，然后盖住上述内容，填写答案并按说明给自己打分，答对1项得1分。

洗衣机　　　　冰激凌

白云　　　　　剪刀

裙子　　　　　石头

铅笔　　　　　翅膀

医院　　　　　小说

请按正确的顺序逐项填空：

得分：

测试5：

用3分钟看以下10个单词，然后合上书，看看你能记住多少。仅仅记住救护车还不够，还得记住救护车是排在第5，这样才算对。单词和顺序都记对了得1分，否则不得分。

1.剧院　6.汽车

2.书店　7.咖啡店

3.火锅　8.电脑

4.上课　9.眼镜

5.救护车　10.生日

得分：

测试6：

用5分钟记下面10种商品及其价格，然后用一张纸把价格盖住，写上你所记住的价格数，一个1分。

小说	20美元
纺织物	205美元
电动割草机	121美元
冰箱	270美元
电机车	625美元
电动玩具	19美元
橡皮船	251美元
艇外推进机	783美元
室内空气清洁器	60美元
羊毛衫	140美元

得分：

测试7：

用3分钟看下面10个数字，然后合上书看看你能记住多少。顺序也要正确，只回想起96还不够，还必须记住96排列第4。如此这样，数字和顺序都对得1分，否则不得分。

1.32　6.79

2.48　7.33

3.47　8.84

4.96　9.18

5.14　10.69

得分：

测试：8

下面是10个单位和这些单位的电话号码，细看下表，时间不超过2分钟，并请记住所有的电话号码，然后盖上电话号码，根据单位回答相应的电话号码，一个1分。

便利店	783-5953
羽毛球伙伴	640-7336
本地气象局	691-0562
本地新闻机构	242-9111
本地花店	725-8397
本地汽车修理厂	781-3702
本地剧院	869-9521
本地迪斯科舞厅	644-1616
本地体育活动中心	457-8910
最近的饭店	345-6350

得分：

测试9：

用不到2分钟的时间读这10个数。然后取一张纸，凭记忆将它们写出。每个写在正确位置上或正确顺序中的数字可得1分。请注意，这里最重要的是记忆力强度问题。

32　46　87　58　60

23　78　90　76　21

得分：

测试10：

想象有人从一副洗好的纸牌中抽去了5张牌，其余的47张牌都读给你听一次。你能通过记忆说出哪5张牌没有报过或是遗漏了吗？我们来试试看。这张列有47张牌的表你只能看一次，然后用铅笔草草记下你认为遗漏的5张牌的名称。写的时候不准看书，读表时间切不可超过4分钟。正确列举每张遗漏的纸牌可得2分。

红桃J	梅花A	梅花8	红桃6	黑桃9	方块A
梅花Q	红桃4	红桃K	梅花4	黑桃7	黑桃10
方块7	红桃5	梅花7	方块K	梅花10	红桃3
红桃10	方块4	梅花6	方块9	黑桃K	梅花9

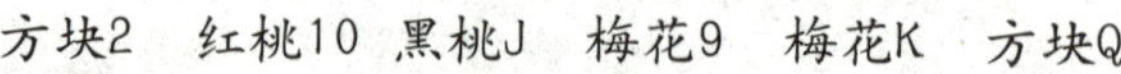

方块2　红桃10　黑桃J　梅花9　梅花K　方块Q
黑桃3　方块10　红桃8　方块8　红桃9　黑桃8
黑桃6　梅花5　红桃7　黑桃5　黑桃4　梅花2
红桃Q　黑桃A　黑桃Q　方块5　方块3　方块6
梅花3　红桃2　黑桃2　方块J　梅花J

得分：

现在可以把这10项测试的得分相加，看看你可以得多少分。不知道你对自己的成绩和记忆能力是否满意？我相信，如果你是很认真地看完本书，上面的测试对你绝非难事，你的成绩也一定很好，所以，你可以继续进行下面的高级测试了。而如果你的成绩不理想，说明你还没有透彻地理解本书，所以请你回头再好好领悟本书。

记忆力的高级检测

通过上面的初级检测，你的成绩很好，现在要开始挑战更高的目标了，请你做好准备。

第一，测定记忆速度。下列的3组数字是测定记忆速度的数字表：

97　74　93　38　29　62　27　41　83　64　49　73

24　79　28　75　67　14　86　94　47　32　29　57

67　93　59　73　62　43　24　87　29　75　45　36

请你的同伴清楚地读出上面3行数字中的任意一行，1分钟读完。读完后，你就把你能记住的数字写出来，前后顺序颠倒没有关系。如果你能把那12个数字都正确地写下来，那你就已经具有罕见的记忆速度；如果能记住8～9个，可以打“优”：记住4～7个，可以打“良”；记忆数字少于4个，记忆速度偏差。

第二，短时记忆广度测试。请看下面的测试表：

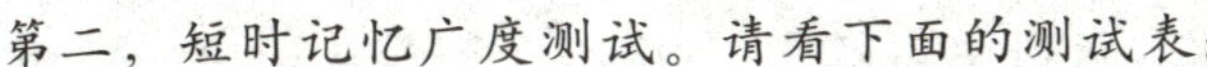

272　　341　　983

3485　　2730　　3750

51406　　85943　　79625

536927　　706294　　523647

3067285　　1538796　　3865214

58391024　　29081357　　27593869

764850129　　042865129　　831652749

2164089573　　4790386215　　0846271903

45382170369　　47903862150　　846271903

987032614280　　541962836702　　736149258031

用任意排列的3～12位数的数字表作为实验材料，请一位朋友向你口述这张数字表上的每一组数字，从位数少的数字到位数多的数字，实验者每读完一组数字，你紧跟后面复述，从4位数开始，如通过就试5位数、6位数……直到被试者对某一长度的数字复述错误，或不能复述为止。这就是你的记忆广度，为了使记忆广度实验的结果精确，用3个不同的数字表进行实验，取三次结果的平均数。

假若你测得平均数为10个以上，就是特优；7～9个，就是优；5～6个是正常；4个以下偏低。

第三，数字记忆训练。有一天，在上课时，很多学生情绪不稳定，不是左顾右盼，东张西望，就是搞小动作，老师非常生气，于是出一道题：请同学们记住5、1、2、4、7、1、4、3、8、6这10个数字。老师的提问很怪：他让学生回答第几个数字是几。例如：第三个数字是几？第八个数字是几？谁先记住谁先回家。老师话音刚落，汤姆就举手回答老师说：“我能够回去了。”老师和同学都很惊奇，你知道汤姆是怎样记住的吗？

答案：他通过思考决定根据记忆广度的限制性特点，把10个数字分成3个单位进行记忆：512——471——4386，假如老师问他第六个数字是多少，他很快想到第二组数字的末位数是1。同理，老师若问第七个数字是多少，他很快联想到4。

第四，请记忆下面20个词（连同其顺序号一起）到刚好能够熟练记住为止。

（1）新西兰人　　　　（11）油

(2) 社会学	(12) 纸
(3) 米饭	(13) 小花
(4) 经济	(14) 逻辑
(5) 神经元	(15) 社会主义
(6) 秘密	(16) 动词
(7) 剪刀	(17) 缺口
(8) 爱情	(18) 逃兵
(9) 黏土	(19) 蜡烛
(10) 良心	(20) 樱桃

一星期后要重做一次实验，在这一星期内不要再看试题——如果做到根本不再想到试题，那样更好。

努力回忆并默写这20个词（连同其顺序号）。

你的记忆率为90%～100%为优；记忆率为70%～89%为良；记忆率为50%～69%为好；30%～49%为中；29%以下为差。

第五，用8分钟时间记下面20张扑克牌的点数，并设法记住它们的顺序。

1.黑桃Q	11.黑桃3
2.方块8	12.红桃6
3.红桃3	13.梅花K
4.梅花J	14.黑桃2
5.方块7	15.方块4
6.黑桃A	16.梅花7
7.红桃K	17.方块9
8.梅花9	18.黑桃J
9.方块5	19.红桃J
10.方块6	20.方块Q

第六，用5分钟记下列20种商品及其价格，然后用一张纸把价格盖住，写下你能记住的价格数。

钢笔 8.30美元	洗衣机 2500.00美元
皮鞋 210.00美元	笔记本 2.80美元
橘子 8.00美元	手套 14.00美元
蛋糕 16.90美元	电脑 7400.00美元

运动衣39.00美元　　　　手表270.00美元

窗帘17.60美元　　　　　蔬菜5.80美元

冰箱700.00美元　　　　剪刀37.00美元

帽子27.00美元　　　　　书包18.00美元

围巾34.00美元　　　　　台灯52.00美元

教科书11.00美元　　　　沙发1700.00美元

第七，用2分钟时间记20种商品，还要连带记住它的序号，然后合上本书，看你能记住多少。

1.电冰箱　　2.牙膏　　3.眼镜　　4.汽车

5.铅笔　　6.橘子　　7.书　　8.手风琴

9.游戏机　　10.皮大衣　　11.戒指　　12.邮票

13.圆珠笔　　14.电脑　　15.日历　　16.手机

17.《青年文摘》　　18.皮鞋　　19.黄瓜　　20.领带

第八，请每隔10秒钟，就记忆下面各数字，然后再把它们写在别的纸上。

1.267

2.4373

3.96004

4.80392

5.6370367

6.3，6，5

7.4，3，3，9

8.10，4，7，0，3，4

9.6，8，2，5，9，5

10.5，6，9，3，7，6，5

请分别注视下面的数字各20秒钟，然后把书合上，再由下往上记忆，并写在别的纸上。注意：注视数字的时候是由左至右，但是写出来时则必须由右至左。

1.3，9，7

2.4，2，7，10

3.6，3，4，9，0

4.8，5，3，9，10，8

5.10，8，7，3，9，4，6

6.3，6，8

7.6，6，0，3

8.7，0，3，6，9，4

9.6，3，4，5，9，7

10.8，0，0，0，6，7，2

答案：整列数字中，记错一个数字就打×不得分，记对就打√，得0.5分，满分是20分。

A.16～20分，非常优秀；

B.11～15分，优秀；

C.8～10分，普通；

D.6～7分，稍差；

E.0～5分，非常差。

第九，请在10分钟内阅读下列短文，并记住它。

A.他们慢慢地向着那株松树走去。路上，父亲不时转头凝望贝儿，他觉得贝儿穿上军装，做了军人，宛如一株树苗获得了阳光与水分的滋养，他是会逐渐成长起来的。

B.权力恰像一条大河，如果河水受约束，那就既美丽又有用；可是当它泛滥到岸上，就一发不可收拾，肆无忌惮，冲到哪里就给哪里带来破坏，弄得一片荒凉。

C.翻开美国的历史来看，自由不啻是贯穿着民族精神的一道无形的脉流。

D.记得第一次来这个村子的时候，在村头的小店附近下车之后，便进入一条狭窄的小巷。经几番的转弯抹角，才找到我们来寻找的那座老教堂。当时正值雨季，整个小巷一片泥泞，檐低路湿，十分难走。

E.这双球鞋是和我同进校门的，除了上体育课穿着它之外，每天晚上，它也陪伴我上操场。它已成了我生活的一部分，我在日记中写它，在作文中也写它，犹如年轻绚丽人生的源泉，它使我充满生气、增加活力。

F.宪法不只是一个名字，而是真正的东西。宪法不是一个理想，而是真正的实体。如果宪法不能产生一个具体的形式，那就是

空洞的。宪法是政府的先决条件，政府是由宪法产生的。国家的宪法不是政府的法令，而是组成政府的人民的法令。

G.离开了盐湖城盐厂以后，我们的4辆游览车又前往德汉镇，参观新竹玻璃公司的苗栗厂。公司的总工程师从加州来接待我们，他是哈佛大学化学系的毕业生，其技术的高超，使新竹玻璃的质量不断地提高。

H.至于鬼节这天，女孩子不允许到坟地祭拜，这是大家共同的说法，海特尔补充说，从前贵族人家的妇女养在深闺，有的甚至做了祖母，还未见过祖坟。

I.良心是正义最好的管家，良心给人警惕、希望、报酬和惩罚，使一切都在正义的控制之下。忙碌的人一定要注意它的提示；有权力的人要听从它的指示；愤怒的人要忍受它的谴责。良心做我们的朋友时，一切都很平静。可是一旦触犯了它，心里就永远不得宁静。

J.那是读初中的时候，我们刚脱离恶补的桎梏，进入了里德城的一所中学念书。我永远不会忘记，教我们法文的老师里德，他年纪轻轻的，刚从大学毕业，对学生一团和气，从来没有愤然不悦的脸色。班上有一位同学丢失了法文课本，里德老师毅然将教师用的课本送给他。

请阅读下列短文，如果标出的句子与在测验中所记忆的不同，请打×，相同时就打√。

A.他们慢慢地向着那株松树走去。路上，父亲不时转头凝望贝儿，他觉得贝儿穿上军装，做了军人，宛如一株树苗获得了阳光与水分的滋养，他是会逐渐长大起来的。

B.权力恰像一条大河，如果河水受约束，那就既美丽又有用；可是当它泛滥到岸上，就一发不可收拾，肆无忌惮，冲到哪里哪里就会遭到破坏，弄得一片荒凉。

C.翻开美国的历史来看，美国不啻是贯穿着民族精神的一道无形的脉流。

D.记得第一次来这个村子的时候，在村头的小店附近下车之后，便进入一条狭窄的小巷，经几番的转弯抹角才找到我们来寻找的那座老教堂。当时正值雨季，整个小巷一片泥泞，檐低路湿，十分难走。

E.这双球鞋是和我同进校门的，除了上体育课时穿着它之外，每天晚上，它也陪伴我上操场。它已成了我生活的一部分，我在日记中写它，在作文中也写它，犹如年轻绚丽人生的源泉，它使我充满生气，增加了活力。

F.宪法不只是一个名字，而是真正的东西。宪法不是一个理想，而是真正的实体。如果宪法不能产生一个具体的形式，那就是空洞的。宪法是政府的先决条件，政府是由宪法产生的。国家的宪法不是政府的法令，而是组成政府的人民的法令。

G.离开了盐湖城盐厂以后，我们乘4辆游览车，又前往德汉镇，参观新竹玻璃公司苗栗厂。公司的总工程师从加州来接待我们，他是哈佛大学化学系的毕业生，其技术的高超，使新竹玻璃的质量不断地提高。

H.至于鬼节这天，女孩子不允许到坟地祭拜，这是大家共同的说法，海特尔并补充说，从前贵族人家的妇女养在深闺，有的甚至做了祖母，还未见过祖坟。

I.良心是正义最好的管家，良心给人警惕、希望、报酬和惩罚，使一切都在正义的控制之下。忙碌的人一定要注意它的提示；有权力的人要听从它的指示；愤怒的人要忍受它的谴责。良心做我们的朋友时，一切都很平静。可是一旦触犯了它，心里就永远不得宁静。

J.那是读初中的时候了，我们刚脱离恶补的桎梏，进入了里德城的一所中学念书。我永远不会忘记，教我们法文的老师里德，他年纪轻轻的，刚从大学毕业，对学生一团和气，从来没有愤然不悦的脸色。班上有一位同学丢失了法文课本，老师毅然将教师用的课本送给他。

答案：答对一题得1分，满分是

20分。

A.17～20分，非常优秀；B.13～16分，优秀；C.8～12分，普通；D.4～7分，稍差；E.0～3分，非常低差。

第十，请在3分钟内阅读下面的文章，尽量将它们记住。

柏克莱的校园很清雅。校内有萧萧的树林，林子里有古朴的木桥，桥下有曲折的小溪，小溪的源头有绿草如茵的山坡，起伏的山坡顶上是白色的钟楼——这里的“注册商标”。

不过，我最喜欢的是这儿的学生活动中心的广场和广场上每天中午的热闹。

每天中午12时整，钟楼就开始了“敲打乐”——有时候是十分流行的曲子。敲钟的是位老太太，她已经敲了一辈子。

钟声一止，好戏就上演了。

广场上来来往往的大都是出来吃午饭的学生和教职员工，有的人坐在枇杷树下的长椅上；有的人席地躺在青草地上，三三两两吃着三明治，晒着太阳，聊着天南地北。

虽然只是短短的一个钟头的休息时间，可是看的戏却不少。在你啃着三明治的时候，随时会有人来到广场的水池旁边或者树下的校门边上，弹的弹，唱的唱，地上也不忘摆个小罐子收钱。这些“素人音乐家”，水准都是不差的，也不像是真想得到赏钱。学生们遇到动听的，也毫不吝惜他们的掌声。有时候学校里的乐队——也不知是请来的还是学生们自组的，也会鼓乐喧天地真表演一番。闻乐起舞，人人不以为怪。

除了放假和下雨，这里总是热热闹闹的。学生示威的、罢课的，都要来此游行演说。他们说宗教是古老的传说，他们说坏蛋讨厌，有钱人讨厌，有势的人也讨厌，最后只剩下自己最可爱了。

观光客总背着照相机，牵狗的、蓬头垢面的也都夹在人群里面。这里相当自由，至少可以绝对地呼吸到那样的空气。

顶有趣的是一些狂人。

有的来演讲，只见他来回走着，念念有词，声调很有高下，手势很是可观，只可惜语无伦次不知他在说些什么。这是演讲狂。

有的来表演特技，穿一身古怪服饰，戴防毒面具，表演无声片时代的慢动作，犹如在打西式的太极拳。这是表演狂。

昨天来了一个人，提着一只皮箱，俨然是魔术师的模样，他看见人就把身上的皮夹子掏出来往地下丢，告诉别人里边有钱。为什么不捡？为什么不捡？他追着人问。

这些狂人，大都没有害人之心，不过他们也只能吸引那些新来的学生，对于老柏克莱人，他们也许并不是什么失常的人，反而是有点儿像什么心理学大师到这儿来做什么人性的实验似的。

我极喜欢这校园里中午的这一小时的休息时间，我常常在那短短的热闹里想起两句诗：现实是人类的牢笼，幻想是人类的翅膀。

要是你想张开天真的翅膀，飞出现实的牢笼，请来这儿看看，请来中午阳光下的柏克莱学生活动中心的、圆水池旁边的、自由天地的、纯洁而不愚蠢的学生当中走走……你会明白所谓最高学府“最高”二字的乌托邦的意义。

下面有10个问题，每题各有4个答案，其中只有一个是正确的。请在正确的答案上打✓。

A.前一个测验的文章，主要是在叙述柏克莱的________

1.办公情景　　2.上课的情形

3.校园情景　　4.参观的情形

B.柏克莱的“注册商标”是________

1.学生的活动中心广场　　2.白色钟楼

3.起伏的山坡　　4.曲折的小溪

C.中午广场上来来往往的大都是出来__________的学生和教职员工。

1.上课　　2.吃午饭

3.下课　　4.游行

D.中午休息多久的时间？

1.一个半小时　　2.半个小时

3.一个小时　　4.45分钟

E.除了放假和________广场总是热热闹闹的。

1.考试　　2.罢课

3.下雨　　4.节日

F.广场上最有趣的是一些________

1.狂人　　2.画家

3.观光客　　　　　　　　4.素人音乐家

G.夹在人群里的观光客们总背着________

1.小孩　　　　　　　　　2.照相机

3.雨伞　　　　　　　　　4.背包

H.昨天来了一个人，提着一只皮箱，俨然是________的模样。

1.演说家　　　　　　　　2.特技表演者

3.魔术师　　　　　　　　4.卖狗皮膏药的

I.多少有点儿老僧入定那种功夫的是________。

1.狂人　　　　　　　　　2.老柏克莱人

3.新柏克莱人　　　　　　4.观光客

J.现实是人类的牢笼，________是人类的翅膀。

1.梦境　　　　　　　　　2.心灵

3.幻想　　　　　　　　　4.智能

答案：每答对一题得1分，满分是10分。

A.3	B.2	C.2	D.3	E.3
F.1	G.2	H.3	I.2	J.3

8～10分为非常优秀；6～7分为优秀；4～5分为普通；2～3分为稍差；0～1分为非常差。

你的成绩怎么样？如果很好的话，恭喜你，你的记忆力有了非常明显的进步，从此你可以轻轻松松地记住复杂繁多的学习内容了。而如果你的成绩并不如初级检测那么理想，也请你不要灰心，认真找出原因，看具体是哪部分的记忆比较薄弱，然后找出本书相应的部分，好好再看一遍。

第二章 激发记忆的潜力

兴趣决定记忆

兴趣是最大的动力

陈笑的学习成绩并不好，但他是一个十足的球迷。

每天上课的时候，他都是无精打采的样子。不是打瞌睡，就是很无聊地在课本上涂涂画画，或者东张西望，好像一分钟也坐不住。

但是一到下课时间，马上就有一大堆的人围在陈笑的身边，听他侃足球。他能顺口说出任何年代任何球员的进球、得分、踢球特点，整个赛季的赛程等多得令人惊讶的信息。

这时候的陈笑，口若悬河，俨然一个滔滔不绝的演说家，是众人仰望的英雄。

有一次上课的时候，老师走到专心画画的陈笑身边，拿起他的课本，看着上边栩栩如生的绿茵健儿，叹了口气，说：“陈笑，要是你读书也像热爱足球这样，那就好了！”

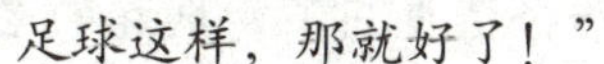

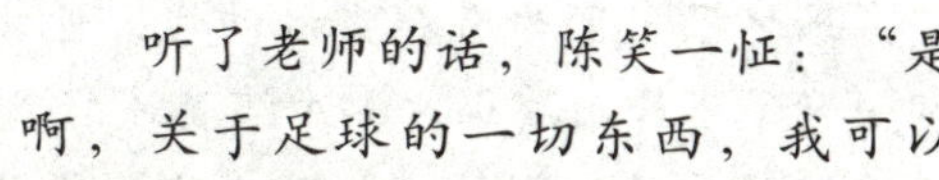

听了老师的话，陈笑一怔：“是啊，关于足球的一切东西，我可以做到过目不忘，而面对学习，我却是越看越烦，怎么也学不进去，这是为什么呢？”

下课后，陈笑第一次主动去问老师，说出了他的苦恼与困惑。

老师感到很高兴——这个陈笑，终于

懂得寻找自己的原因了。

老师听完陈笑的倾诉，微笑着说："一个人记忆效果的好坏，很大一部分原因在于他对所记事物的兴趣。对于有浓厚兴趣和强烈求知欲的科目，只要付出较少的努力，就能收到惊人的记忆效果。而对那些毫无兴趣的东西，要想记住的话，就很困难。你从小就特别喜欢足球，正是你对足球的热爱和高度的重视，使你的记忆力超常表现出来了。所以，如果你想学习好的话，首先就要培养对读书的乐趣。记住，兴趣是你学习任何东西做任何事情的最大动力！"

发现读书中的乐趣

爱因斯坦曾经说过："兴趣和爱好是最好的老师。"兴趣和爱好是学习的动力，它可以使人废寝忘食；相反，如果对知识、对科学没有兴趣，把学习看成是一种负担、一件苦差事，当然就不会有好的学习效果。

达尔文7岁的时候便对收集生物标本、对昆虫鸟兽十分感兴趣；物理学家麦克斯韦尔6岁的时候便对星星为什么会发光感兴趣。正是这些强烈的兴趣加上执着的追求，使他们在科学上取得了巨大的成功。

兴趣可以产生无穷的力量，它可以促使人集中精力去获取知识，创造性地开展工作。有一位名人曾经说过："兴趣比天才重要。"

英国戏剧大师莎士比亚天生就迷恋戏剧，对演戏充满了兴趣。他博闻强识，很快就掌握了丰富的戏剧知识。

有一次，一个演员病了，剧院的老板就让他去替补，莎士比亚一听，乐坏了。因为有强大的动力，他才用了不到半天的时间，就把台词全背了下来，演得比那个演员还好。

演了一段时间的戏，莎士比亚便开始尝试写剧本。这些剧本上演后很受观众欢迎，他从此开始了戏剧文学的创作生涯，并终于成为文艺复兴时期最伟大的戏剧作家。

德国大音乐家门德尔松，在他8岁那年，曾经去听贝多芬第九交响曲的首次公演。等音乐会结束，回到家里以后，他立刻写出了全曲的乐谱。这件事震惊了当时的音乐界。虽然我们现在对贝多芬的第九交响曲早已耳熟能详，可是在当时，首次聆听之后，就能记忆全曲的乐谱，实在是一件不可思议的事。

门德尔松为什么会这么神奇？因为他深深热爱音乐。

兴趣促进了记忆的成功，记忆上的成功又会提高学习兴趣，这是良性循环；反之，对某个学科厌烦，记忆必定失败，记忆的失败又加重了对这一学科的厌烦感，形成恶性循环。所以善于学习的人，应该是善于培养自己学习兴趣的人。

那么如何才能对记忆保持浓厚的兴趣呢？有下面几项建议，你一定要去试一试：

1.不只是去做感兴趣的事，而要以感兴趣的态度去做一切该做的事；

2.自信是增加学习兴趣的动力，所以一定要相信自己的能力；

3.多问自己“为什么”；

4.根据自己的能力，适当地参加学习竞赛；

5.肯定自己在学习上取得的每一点进步。

当然我们还要在平凡的学习生活中积极地去发现、创造读书的乐趣。

如果你想要知道苹果好不好吃，就不能单凭主观印象，而应耐着性子细细品尝，尝出了味道，你就会感觉出来。

学习的时候也一样。背英文单词，你会觉得枯燥无味，但是坚持下去，当你能试着把课本上的中文翻译成英语，或结结巴巴地用英语同外国人对话时，你对它就会有兴趣了。

在跟同学辩论的时候，时而引用古人的一句诗词，时而引用一句名人名言，有时还一口气说出水浒一百零八将的名字，老师的赞赏和同学们的羡慕，会使你对读书更有兴趣了。

我们还可以借助想象力创造兴趣，把枯燥的学习材料变得好玩又好记。

比如你要记“火山、桌子、黑炭”三个词，可以想象火山的火苗飞喷过来，把桌子烧成黑炭；记“星星、汽车、高楼”三个词，可以想象星星跨上汽车，开着汽车前往高楼。

又比如要记“牛、汽车”这两个词，你可以想象：一头牛站在汽车顶上，一头牛从汽车门上车，一头牛驾驶汽车，牛拉汽车，牛顶汽车，汽车撞到牛，汽车压住牛，汽车拉着牛跑等。

你的想象越丰富，记忆就越有趣，学习起来也就轻松多了。总之，兴趣是学习的内在动力，只有不断地发现兴趣、创造兴趣、培养兴趣，才会越学越有趣，越学越优秀。

相信自己的记忆力

由“反正”到“一定做得到”

嘉嘉上了中学后，经常说的一句话是“反正……”

“嘉嘉，这次考试的平均分数是81分，下一次要考得比这一次好哦！好好努力吧！”

“反正一定会做不好的。”

“为什么要这样否定自己呢？”

“做不好就是做不好，反正我是不可能做好的！”嘉嘉越说越不耐烦起来。

因为嘉嘉的嘴边时常挂着“反正……”所以他的绰号就变成了“反正”。

“嘉嘉，星期天去英语补习班上课，培养一下英文能力如何？”

“反正也学不好，不想去！”

“要不，去补习数学吧，李老师很有经验的，有他的帮助，你一定会进步的。”

“反正我一定学不好的。”

“嘉嘉，你的长跑不错，这次的运动会你要报名参加哦！”

“反正不会跑出好成绩，我不去。”

上床睡觉前，嘉嘉洗了脸，用干毛巾擦脸时，一抬头，在镜子里，他看见自己愣住的样子。

“为什么我会这么笨呢？既不会读书，体育也不行，没有特长，也没有想学的东西，还长得这么难看！”

嘉嘉一面用手托住自己的脸颊，一面端详着镜子里的自己，深深地叹了一口气：“唉，我为什么这么不会读书呢？我也不是每天都在玩啊！反正我做什么都做不好！”

这天晚上，嘉嘉的爸爸和妈妈进行了一次谈话。妈妈说："我们的嘉嘉自认为一事无成，现在渐渐变得懒于努力，考试成绩也愈来愈退步了。嘉嘉升中学的时候，由于数学分数不理想，没有考上理想的学校，被你骂得很惨，如今看来，你让他完全失去自信了。"

"难道我做了什么不该做的事？"

"你当时责骂他说：'这么简单的题目都没做好，进不了好学校了，你再怎么努力也无济于事了！'"

"我是这么说的吗？我怎么一点儿印象也没有。可能是因为当时他的分数比我预期的低太多了，所以不知不觉这么说的吧！"

"也许就是你的那一句话，对嘉嘉的打击很大。你看他现在，做什么事情都无精打采，我非常担心嘉嘉长大后，也会怀着'反正我做不好'的想法去生活。"

妈妈关了电视，爸爸放下手中的报纸，两人开始讨论如何培养嘉嘉的自信心。

这个星期天的下午，嘉嘉和爸爸妈妈坐在电视机前，一起观看一个在国外颇有知名度的马戏团的表演。

"看！"嘉嘉睁大眼睛，指着电视惊叫道。

原来，舞台上老虎的脚被铁链拴着，而铁链末端被钩子固定住，似乎只要稍微用一点儿力气，就可以挣脱。

"爸爸，万一老虎挣脱铁链攻击人的话，怎么办呢？"

"应该不会有那种可怕的事。"

"为什么不会呢？"

"老虎从小就被拴住，当时它无法用力挣脱，虽然现在老虎已经长得又高又壮，只要用一点儿力就能够挣脱链子，但它却想都没有想过呢！可能是小的时候'反正做不到'的想法拦住它的关系吧。"

听了爸爸的话，嘉嘉突然为自己感到羞愧。

接着爸爸讲了一个故事。他说："你知道吗？有一种动物叫大黄蜂，它的身体肥大笨重，翅膀却十分短小。生物学家根据空气动力学原理，并经过仔细运算，最后断言，大黄蜂是绝对不可能飞起来的。但是令人感到诧异和不解的是，大黄蜂不仅能飞，而且飞行的速度还远远超过一般的蜜蜂。嘉嘉，你说这是为什么？"

嘉嘉想了想，说："因为大黄蜂不知道自己不能飞。"

“对！”爸爸说，“假如大黄蜂在很小的时候就听信科学家们的劝告：‘你肚子这么大，翅膀又这么短小，怎么可能飞起来？你还是老老实实地在地上爬吧。’那么大黄蜂这一辈子恐怕只能像蜗牛一样在地上缓慢地爬行了。”

嘉嘉听完这个故事，若有所思地点点头。

这天晚上，嘉嘉在日记本上用红笔郑重写下：我不是马戏团的老虎，我要做勇敢的大黄蜂，只要下定决心，任何事都可以做得到！

重拾信心的嘉嘉，上学的脚步轻快了许多，他的成绩也日渐进步。期末考试的时候，嘉嘉的成绩排在班级的前五名。同学都对他刮目相看，纷纷请教嘉嘉学习经验。

“嗨，‘反正’！你是用什么方法读书的呢？不会是请了很好的家教吧？”

“请记住，我已经不叫‘反正’了，请叫我‘做得到’，因为我从现在起，可以做好任何事情，这种自信的态度是让我成绩突飞猛进的最重要因素！”嘉嘉很有信心地回答。

信心增强记忆

两个能力相当的人，有自信跟没有自信，做事效果有着非常大的差异。丧失信心的人，做任何事情都无精打采，看不到自己的优点，长此以往，学习成绩下降，永远躲在自卑的阴影里；而充满自信的人，总是抱着乐观的态度去做事，并且相信自己一定能做好，他们的路越走越宽。

美国总统林肯在小时候，他父亲在西雅图有一处农场，里面有许多石头。正因为如此，父亲才以较低的价格买下这个农场。有一天，母亲建议把里面的石头搬走。父亲说，如果可以搬走的话，主人就不会卖给我们了，它们是一座座小山头，都与大山连着。有一天，他父亲去城里买马，母亲带着他在农场劳动。母亲建议说，让我们把这些碍事的东西搬走，好吗？于是他们开始挖那一块块石头。不长时间，就把它们弄走了，因为它们并不是父亲想象的山头，而是一块块孤零零的石头，只要往下挖一英尺，就可以把它们晃动。

可见，如果你在思想上认为一件事是不可能的，你在行动上自然不会去做，也就自然不会有什么好结果。

“我一定能够做得到！”现在，面对你要记忆的资料，请勇敢地

说：“我一定能够记住它！”这种自信的坚定信念，是进行记忆活动最重要的心理准备之一。

有不少人对自己的记忆能力信心不足。有的人看见别人有很强的记忆力，就自卑地说：“你看人家记忆力多好，我的记忆力太糟了，记什么都费劲。”甚至以为别人是天才，自己是蠢材，生来脑筋不好。有的人每当被要求背诵课文、记忆定理时，就先皱起眉头说：“哎呀！我笨头笨脑，什么时候才能把它记住？”没等交战先怯阵了。这些都是对记忆没有自信心的表现。

对自己的记忆力有无信心，这直接影响到记忆效果。无论是谁，如果在他识记一些材料、一个事物之前，具有一定要记住它，并且一定能记住它的信心，识记的效果就会好得多。相反，如果他总是想：“凭我的记忆力根本记不住！”“这么难，我

无法记住！”……充满失败、悲观、自卑、畏难的情绪，他的记忆效果就会非常差。生活经验显示，对自己的记忆丧失信心的人，很难记住什么。

有信心就能记住的道理在于：这种自信心可以促发大脑神经细胞的“积极性”，使它们很活跃。而缺乏信心就记不住的道理在于：对识记对象充满畏难情绪，因而不仅无法促发大脑神经细胞的“积极性”，反而会给大脑带来一种消极的抑制因素，使大脑工作能力降低，注意力难以集中，影响大脑对于信息的接受、加工、贮存和提取。

对自己的记忆力缺乏信心会形成消极的“自我暗示”。“自我暗示”是说自己给自己规定一种信念或意见，使这种信念或意见对自己的心理和行为产生影响。如果一个人总暗示自己的记忆力不好，这种不良的心理状态会使他的记忆效果大为降低，本来能够记住的东西，也会因为不相信自己能记住而就真的记不住。所以，对自己的记忆力缺乏信心，往往会引起真正的健忘。因此，诸如“我记忆力不好”“我记不住”等观念，对提高记忆效果来说，都是消极的、有害的、起副作用的“自我暗示”。也就是说，有些人之所以在实际中表现出记忆力不好，恰恰是他头脑中“记忆不好”的观念所造成的。如果他总暗示自己“我记忆力不比别人差”、“这我能记住”等，他的记忆力肯定不错。

如果你不信任自己的记忆能力，不明白自己的记忆程度，那么你可以从回答一些问题开始进行自我测验。比如：

1.复述两个你在孩提时代从长辈那里听来的故事；

2.写出五个你在幼儿园时认识的朋友姓名；

3.唱一首儿歌山歌、或民谣；

4.回忆和讲述你刚上小学或考上高中时的情景；

5.讲述你觉得最有意义最有兴趣的一次郊游或夏令营活动的情况；

6.写出两年前你看过的认为最好或最差的电影的梗概；

7.写出某部你看过的小说中主要人物的名字；

8.写出两位你已分别三年以上的同学的名字和性格特点；

9.描述你的教室或工作室的环境特点；

10.写出最近一次与别人交谈时间最长，对你最有帮助的谈话的要点。

当你将这些写下来时，你就会发现自己“凡所经历，皆能记忆”，就不会轻易把“记忆力不好”的帽子戴在自己头上了，你心中对自己的记忆力也就有了底。

记忆活动是一种艰苦的脑力劳动，每一具体知识的记忆都是一个需要付出艰辛劳动的过程，这就要求我们必须意志坚强，信心十足。徐特立先生对自己的记忆力就有着坚定的自信。他43岁那年赴法留学，有人问他：“您年纪大了，学习法文是不是难一点呢？”徐先生说：“不一定，事情慢慢来。我今年43岁，一天学一个字，一年可学365个字，7年可学2555个字，到了50岁，岂不就是一个精通法文的人吗？假若一天学两个字，到46岁半，就可以学通一国文字，我尽管笨，但不会一天学一字两字也学不会的。”结果他在法国不出四五年的时间，就能够熟读法文书籍了。

怎样才能在记忆活动中有自信呢？这首先要破除自己“记忆力不好”的迷信，打破在记忆上不符合事实的自卑感，使精神上得到解放。相信别人能记住的，自己也一定能记住。其次，要讲究方法。比如，先少后多，先简后繁，先易后难，用“记住了”的事实，不断鼓励并坚定自己的信心，逐渐使自己由“害怕”记忆转变为“喜欢”记忆，由怀疑自己的记忆力到相信自己的记忆力。

全神贯注易记忆

听课的秘密

“英子，恭喜你！又得奖了！”

“英子，你真棒！每回都有出色的表现。”

小天在一旁看着，又是高兴，又有点嫉妒。他和英子是从小一起长大的邻居，别人都说他们是青梅竹马，确实，他们从幼儿园开始到现在，一直是同班同学。

不过，英子成绩优异，每年都是三好学生，而他则是成绩平平。

其实英子也是一个非常爱玩的女孩，她经常组织同学出去游玩，对娱乐界的信息也知道得很多，凡是聚会，一般都不会缺席。

但是，每次考试之前，当其他同学忙得焦头烂额时，英子却悠闲地照常听歌，看课外读物，而且，晚上从不熬夜。

很多同学都觉得非常神奇。其实小天心里也很佩服，只是口头不说而已。

小天觉得，有必要侦察一下英子是怎么学习的。

英子回家了，也只是正常的吃饭、学习、休息，并没有熬夜。周末，英子没有去上辅导班。英子很少买参考书。

到底有什么秘诀呢？小天终于沉不住气了。这天，他主动跟英子一块回家。快到家的时候，他说：“我可以问你一个问题吗？”

“怎么啦？”英子对小天微笑着。

“你的成绩一直很好，难道没有什么秘诀吗？”

“我学习努力啊！”英子笑着说。

“有些人比你更努力用功，但是成绩还是不如你好。”

英子想了一会儿，说：“你真的想知道我的秘诀？那好吧，明天上课时，不要分神，好好注意看我，知道了吗？”

小天觉得莫名其妙，但还是点点头。

第二天，上课时间到了，小天心里一直打着一个大大的问号。偶尔趁老师不注意时观察英子，只见英子非常专注地在听老师讲课。

“到底叫我看什么啊？”

英子听得非常入神，不时记下一些东西，当老师问问题时，总能想一些问题，并积极提问。

有时有同学开玩笑，整个教室闹哄哄的，英子也不会趁机跟着玩闹或聊天。

英子在上课时，一直没有看过小天一眼，只是专心地听老师讲课。

在上语文、数学、物理、英语课时，英子的态度和表情依然没有太大的变化，好像整个教室只有她自己和老师，周围的一切都不存在了，只有在老师讲了笑话时，才露出浅浅的微笑。

刹那间小天想通了：“没错！就是集中注意力！英子在读书时，从来不被别的事情打动，她总是全神贯注，绝不会胡思乱想。这就是她要告诉我的秘诀吧，其实我应该早点知道的啊！”

小天想着，很开心地笑了一下。

突然，小天的头被打了一下。

“小天！你在想什么？”不知什么时候，老师已站在小天的前面，轻轻敲了一下小天的头，其他同学都往这边看，此刻正在笑呢。

“小天，怪不得今天这么安静，原来是被英子吸引住了。”

原来老师发现，上课的时候，小天一直望着英子偷偷微笑。

英子这时候也回头看了一下小天。小天一边用手抚摸着刚被老师打过的头，一边望着英子的笑脸，不好意思地笑了。

“哦！看看你，怎么还是傻傻的……”老师又敲了一下小天的头。

小天扮了个鬼脸，假装很疼似的龇牙咧嘴，心里却真的很高兴，因为，今天他终于知道了一个非常重要的秘密。

为什么上课会分心

某中学的一个班级中有些学生上课精神不集中。老师为了让大家认识到注意力分散的害处，问了同学们一个问题：“大家每天走过教

室左侧的楼梯许多趟，那么，哪位同学能回答一下：楼梯一共有多少级？”全班学生面面相觑，竟无一人举手。老师接着说：“你们虽然每天几次走过楼梯，但由于走的时候没有留神注意，所以记不得有多少级。同样的道理，大家每天听老师讲课，但如果听课时注意力不集中，照样也记不住。生活中不仅有‘熟视无睹’，也有‘熟闻不记’啊！”

而我们经常说的分心，就是在听课时注意力被别的事情吸引过去，离开了听课的内容。例如，有个同学上课时思想开小差，当老师叫他名字的时候，他竟然没有听见，一脸漠然，东张西望，甚至问他的同桌：“老师在叫谁啊？”结果引起全班同学的哄笑。

上课分心就无法专心理解老师讲课的内容，是学习的最大障碍之一。要想克服分心的毛病，必须首先了解分心的原因。

第一，外部环境刺激往往是引起分心的主要原因。例如：突然下阵雨了，同学们都没有带雨具，老盼着雨停，因此上课时时常向外看；讲台上的粉笔掉在地上了，淘气的同学小声说了一句：“地震了！”引起其他同学的不安；教室外体育课上不时响起的哨声，使一些同学想起了昨天晚上那精彩的足球赛，虽然人在教室里坐着，心早就跑到足球场上去了……

在课堂上发生的一些事情也会使我们分心，而且影响可能会更大。例如：有的学生不服老师的教育和管理，与老师吵了起来；有的同学说悄悄话，使旁边的同学无法听课；在课堂上学生之间因为一点小事吵了起来，使老师无法讲课……

第二，心理原因也是引起分心的重要因素。有些同学在上课的时候老是想起自己曾经经历过的、有趣的事情。例如：有的学生脑子里浮现出了前一段时间看过的电影或电视剧的画面，想到精彩处竟忍不住笑出了声，有时还情不自禁地与旁边的同学讨论起来，不仅自己不能听好课，也影响了别人听课。

有的同学在课上总是想自己课下将要做的事情。例如：晚上要跟家人去亲戚家做客；过两天的校运动会自己应怎样跑才能为班级争光……

第三，身体不好或精神不振也是引起上课分心的原因。比如，有些同学没有吃早点的习惯，到第三节课就饿了，怎么下定决心也提不起精神；有些同学晚上看电视看得太晚了，睡眠不够，上课时趴在桌上睡着了，还净做一些奇怪的梦；也有些同学体弱多病，感冒了，咳嗽了，影响了听课的效果……

同学们！你们上课分心是属于哪一种原因呢？找出原因，自己就容易找到办法克服了。

克服上课分心

找出上课容易分心，注意力无法集中的原因后，我们应该想办法来克服这个不好的习惯。下面有几种措施，不妨试一试：

第一，克服外界干扰，养成闹中取静的学习习惯。

在学习中，常常有不少的内外因素干扰，使我们难以集中精力学习。良好的环境固然重要，但这不是解决问题的根本办法，有些客观条件是我们所不能改变的，因此掌握“闹中取静”的本领更加重要。

这种本领完全是通过练习而锻炼出来的。比如，有人为了锻炼“闹中取静”的本领，就故意蹲在繁杂的集市或公园看书。当然，开始时会遇到许多困难，但只要坚持下去，就会取得成功。在现代的城市生活中，我们可能会遇到更多的刺激，如汽车、电视、录音机等的声音，吵闹声，工地施工的声音等，如果改变不了这些外界刺激的话，千万不要心浮气躁，一定要静下来，投入到学习中去，不去想它。可能过一会儿你适应了之后就感觉不到它了。

在吵闹的环境里，为了抵制分心，你可以根据不同的时间、地点和条件，采用不同的学习方式，阅读不同内容的书籍。具体说来，可以这样做：

1.在安静的环境里，可以默读，而在嘈杂的环境里，就采用朗读和记笔记的方式来对付。

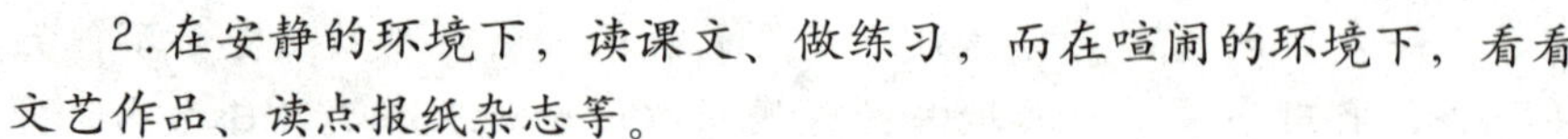

2.在安静的环境下，读课文、做练习，而在喧闹的环境下，看看文艺作品、读点报纸杂志等。

3.利用安静的环境精读、细思，而在纷乱的情况下，粗读、浏览等。

第二，加强意志锻炼，做支配注意力的主人。

在学习中我们除了会遇到外界的刺激外，还会受到内部因素的干扰，如情绪低落、身体欠佳、不良习惯等，这些更容易使我们分心。因此，我们要学会以坚强的意志同一切干扰作斗争。汉朝杰出的历史学家司马迁，被迫害遭受宫刑后，仍忍受屈辱，在极其恶劣的情况下，用坚强的意志控制自己的情感，集中精力撰写史书，历经十多载，终于完成了“史家之绝唱，无韵之离骚”的巨著——《史记》。

东汉时，经学大师马融聚徒讲学，很重视培养学生专心致志，自我约束的能力。他特意在自己座位后设一道绛纱帐，隔帐排列一班歌女，要求学生们认真听讲，目不斜视。他的学生郑玄做得最好，听讲4年，始终埋首于学业，未曾看歌女一眼。马融夸道：“优生之众，真心向学而端坐未斜者，唯郑玄一人而已。”郑玄后来成为古代经学的集大成者，史称“郑学”。

第三，注意休息。

人在疲劳的时候是很难集中注意力的。所以我们必须养成良好的学习习惯，学习时全力以赴，休息时尽情娱乐。

第四，跟上老师讲课的节奏。

在听课时如果你遇到了听不懂的内容，这时千万不要停下来卡在那里，脱离教师的讲课轨道，这时候你应该在不理解的地方标个记号，然后接着听老师的讲课内容。等下课后，再去向老师或同学请教不理解的问题。

第五，放松心情。

如果你在上课时，老是胡思乱想，静不下心来，那么，这时候你就先不要强迫自己听课，而是闭上眼睛，全身放松，缓慢呼吸，尽量排除其他念头，全神贯注数自己呼吸的次数。大约3分钟后，再开始听课，这样你就会集中你的注意力了。

特别需要注意的是，对各种分散注意力的干扰，不能产生怨恨、烦恼、气愤的情绪，一定要泰然处之。只有透过内心的干扰，环境的干扰才能起到分散注意力的作用，对分散注意力的刺激产生怨恨等情绪，能比刺激本身更强烈地分散人的注意力。所以内心的沉静比环境的安静更重要。晋朝陶渊明的《饮酒》诗中有这样的句子："结庐在人境，而无车马喧。问君何能尔，心远地自偏。"心怀坦荡宽阔，也就觉得环境安静了。

古代思想家荀子在《劝学》中说："目不能两视而明，耳不能两听而聪。"强调的正是注意力集中。如果我们想获得好的记忆，请记住这条古老的遗训吧！

增强注意力的训练

我们还可以通过一些训练来提高我们的注意力，下面为你介绍几种简单易行的注意力训练法：

训练1

在桌上摆三四件小物品，如瓶子、铅笔、书本、水杯等，对每件物品进行追踪思考各2分钟，即在2分钟内思考某件物品的一系列有关内容。比如思考瓶子时，想到各种各样的瓶子，想到各种瓶子的用途，想到瓶子的制造，造玻璃的矿石来源等。这时，控制自己不想别的物品。2分钟后，立即把注意力转移到第二件物品上。开始时，较难做到2分钟后的迅速转移，但如果每天练习10多分钟，2周后情况就大有好转了。

还可以进行一个叫"大脑抽屉"的训练。训练要求设想出自己的3个计划。比如学习某学科知识的计划、旅游计划、制作航模计划。对每个计划分别思考2～3分钟。在思考一个计划时排除其他干扰，特别是排除另两个计划的干扰。这个训练比上一个难，开始训练时可以先对每个计划思考1分钟，逐渐增加时间，但不

要超过3分钟。

训练2

盯住一张画，然后闭上眼睛，回忆画面内容，尽量做到完整，例如画中的人物、衣着、桌椅及各种摆设。回忆后睁开眼睛再看一下原画，如不完整，再重新回忆一遍。这个训练既可培养注意力集中，也可提高更广范围的想象能力。

或者，在地图上寻找一个不太熟悉的城镇，在图上找出各个标记数字与其对应的建筑物，也能提高观察时集中注意的能力。

训练3

把收音机的音量逐渐关小到刚能听清楚时认真地听，听3分钟后回忆所听到的内容。集中注意力的训练形式可以多种多样，随处都可因地制宜进行训练。例如，有时在等人、候车，周围是各种繁杂现象和噪声，这时可以做一些背书训练或两位数的乘、除心算，这种心算没有集中的注意力是无法进行的。

训练4

这个练习要在家里做，舒舒服服地躺下，全身尽量放松。选择一件你所熟悉的简单物体，像钢笔、铅笔或书等。注意：不要把注意力放在牌号、标题或刻印在上面的其他东西上。选定之后，闭上眼睛，尽量在这个物体上想象几分钟。开始时会有些困难，因为与之相关的东西差不多总会溜进你的头脑里，在你集中精力想铅笔的时候，你可能会想到拿着铅笔的手或印在铅笔上的字等，所有这一切都说明你的思想偏离了铅笔本身，没有按要求的那样坚持在铅笔上。

训练5

假设你在读一本书、看一本杂志或一张报纸，你对它并不感兴趣，突然发现自己想到了大约10年前在墨西哥看的一场斗牛，你是怎样想到那里去的呢？看一下那本书你或许会发现你所读的最后一句写的是遇难船发出了失事信号，集中分析一下思路，你可能回忆出下面的过程：

遇难船使你想起了英法大战中的船只，有的人得救了，其他的人沉没了。你想到了死去的4位著名牧师，他们把自己的救生圈留给了水手。有一枚邮票纪念他们，由此你想到了其他的一些复印邮票硬币和5分镍币上的野牛，野牛又使你想到了公牛以及墨西哥的斗牛。这只是成千上万个例子中的一个，既然几乎每个人都不时地会白日做梦，这种集中注意力的练习实际上随时随地都可以进行。

经常在噪音或其他干扰环境中学习的人，要特别注意稳定情绪，不必一遇到不顺心的干扰就大动肝火。情绪不像动作，一旦激发起来不易平静，结果对注意力的危害比出现的干扰现象更大。要暗示自己保持平静，这就是最好的集中注意力训练。

训练6

用录音机把自己朗读的一篇文章录下来，然后播放，尽量把音量放低，低到刚好听清为止。播放时注意先听两三句话就关掉录音机，小声默念听到的内容。然后再听两三句，再复述内容。这项练习一般五六分钟即可，经常进行这种训练，对提高注意力，增强记忆力很有帮助。

奖赏自己，快乐记忆

快乐是自己决定的

林刚与林锋是一对双胞胎兄弟，两个人长得很像，但是性格却截然不同。

林刚活泼开朗，整天乐呵呵的，而林锋则被人戏称为“忧郁王子”，因为他经常为一些小事而愁眉苦脸，心里好像有很大的痛苦。

林刚的朋友很多，他们还经常举行小组竞赛活动，一起学习，一起嬉闹。林刚爱玩，但学习成绩一直很出色，无论做什么事，他总是笑呵呵地积极地去面对，而且效率很高。

而林锋则经常躲在自己的书房里，他不喜欢吵闹的地方。林锋学习很刻苦，但是成绩一直在中游徘徊。他会为同学们无意中的一句话而懊恼半天，如果早上发生了一件不愉快的事情，那么这一天他都不会好过，更别说安心学习了。

林刚经常对林锋说：“有什么不开心的呢？过去的就算了！”

林锋很苦恼地说：“我也想快乐起来啊！可是事情一到我这儿就不好了，快乐在哪里呢？”

林刚说：“快乐是由自己决定的。”

是啊，快乐是由自己决定的。有这样一个故事：一位93岁高龄的失明老太太决定住进养老院，护士带她参观为她专门准备的小房间。护士在她身边对房间进行详细的描述。“我真喜欢！”老太太说，流露出的热情简直和一个8岁的学生得到一个新的玩具一样。

“夫人，你还没有看到房间……再等等。”

“这和看不看没有关系，”老太太说，“快乐是你事先决定好的。我喜欢不喜欢我的房间并不取决于家具是怎样安排的，而在于我怎样实现我的想法。我已经决定喜欢它……”

“这是我每天早晨醒来后做的决定。我可以选择接受变化，并且在种种变化中寻找最佳；我还可以选择担忧那些可能永远不会发生的‘假如’。我可以整天躺在床上琢磨我身体哪些部分不灵了，给我带来这样或那样的困难；我也可以从床上起来，对我身体还有许多部位能工作心怀感激。每一天都是一份礼物，只要我睁开眼睛，我就决定不去老想那些已经发生在我身上的事情，而是专注于我使之发生的事情。”

情绪影响记忆

我们经常听人说：人逢喜事精神爽。一个人遇到喜事的时候，他的精神状态就特别好。

的确，我们都有这样的体会，学习时心情愉快就读得进去，而且效果也很好；如果心情不好，就难以读进去，效果极差，甚至半天也不知道自己看了些什么。

这是因为，精神好的时候，我们的记忆会变得特别清晰；而当我们心情压抑、沮丧或消沉的时候，记忆力就会下降，应该能够回忆起来的一些事情好像也想不起来了。

情绪与记忆的关系十分密切，情绪是影响智力活动的重要因素，情绪怎样，将对记忆效果的好坏起很大的作用，在特定的条件下，甚至起决定性的作用。

有时，人们的情绪能帮助自己记忆。法国作家巴尔扎克在其著作《欧也妮·葛朗台》中，用夹叙夹议的笔法写到了情绪提高书中人物查理的记忆力的情节：在一生的重要关头，凡是悲欢离合之事发生的场所，曾跟我们的心牢牢地系在一起。所以查理特别注意到小园中的黄杨、枯萎的落叶、剥落的围墙、奇形怪状的果树，以及一切别有风光的细节，这些都将成为他不可磨灭的回忆，和这个重大的时间永远分不开。因为激烈的情绪有一种特别的记忆力。

有时，情绪的确能削弱记忆能力。《祝福》中的人物祥林嫂，再嫁后没几年，丈夫病死，孩子被狼叼走，她只好第二次来到鲁四老爷家当女工，心里充满着悲哀、痛苦、孤独的情感。鲁迅写道：然而这一回，她的境遇却改变得非常大。上工之后的两三天，主人们就觉得她手脚已没有先前一样灵活，记忆力也坏得多……

巴尔扎克和鲁迅不愧为文学大师，他们关于特定条件下人物的情

绪与记忆的关系描写是符合生活逻辑的。查理记忆力好，祥林嫂记忆力坏，都是因情感体验所致。那么，我们不能不进一步探究，为什么情绪有时帮助记忆，而有时又阻碍记忆呢？

人的情绪大致可归纳为两类，它们对记忆的作用是不一样的。

一类是愉快的情绪，叫作积极的增强情绪。它包括希望、快乐、恬静、好感、喜悦与乐观等情感体验。这种情绪能够使人体的各种生理机能活跃起来，提高人的生活动力，增强人的体力精力，驱使人去活动，产生强烈的求知欲，使大脑的工作状态最佳化，大大提高大脑的工作效率和记忆功能。

另一种是不愉快的情绪，叫作积极的削弱情绪。它包括愤怒、焦急、害怕、沮丧、悲伤、紧张和不满等情绪体验。这种情绪对人体的器官、神经、肌肉和内分泌腺刺激很大，既有害健康，又影响大脑的记忆功能。比如，有的新演员把台词背得滚瓜烂熟，可是一登台，看见下面黑压压的满座观众，马上过度紧张，结果把台词忘得一干二净。有的学生平时功课学得很好，记得很牢，但考试时过于紧张，把本来记得很熟的内容也忘了。恐惧害怕造成遗忘的现象也是常见的。古人司空图的《漫题三首》诗中，有一句是这样说的：“齿落伤情久，心惊健忘频。”这后半句的意思是：内心惊悸害怕，健忘的事连连发生。

有一个心理学实验证明：在我们的记忆中，55%是愉快的事，33%是不愉快的事，12%是平凡的事。

愉快的事情让你记忆更深刻。同样道理，如果开开心心地去学习，把学习作为一件很愉快的事情，那么，你所记忆的内容就会更加深刻地留在脑海中。

谁也不愿意去记那些很令人沮丧的事情。所以，我们在学习的时候，要保持一种愉快的心情。

另外，在记忆过程中失误在所难免。如果一味地夸大失误，只会产生更大的挫败感和自卑的心理，使自己精神颓废，陷入恶性循环。

这时候，你应该尽快冷静下来，耐心地寻找出失误的原因并采取相应的对策。不要一味地夸大失误，斥责自己，过分强调与之相关的某种缺点。你应当告诫自己：“我只是偶尔犯错误”、“我还会做得更好的”，坚持把“我总是很慌张”、“我每次都看错题”中的“总是”

和“每次”等字眼勾掉，使自我暗示朝向正面，使心情舒畅，把失去的信心找回来。

奖赏你的记忆力

大家肯定都有这样的经历：当你被他人真心表扬的时候，心情十分愉快。在这里，我们不能坐等他人的表扬，我们要对自己的过人之处不断地进行奖励，这样自己的优点才可以不停地发扬光大。

任何体育活动，优胜者总要得到奖励，这似乎已是天经地义的事，为什么在记忆活动中，有了进步就不该得到奖赏呢？运动员得到奖励，必然会受到鼓励，不断进取；同样的，你的记忆也需要及时得到奖赏，这样，才能刺激自己的记忆能力有更大的提高。

在这里，我们所说的“奖赏”与我们习惯的诸如奖励、报偿等词在表面上看不出差异，但其作用与后果是大不相同的。首先，在日常生活中，该奖励的而不奖励，可能会打击当事人的积极性，从此消极下去；而在记忆活动中，该奖赏的而不奖赏，就有可能分散注意力，使记忆活动不能正常进行下去。其次，在日常生活中，奖励的时间不合适，至多起不到应有的作用；而在记忆活动中，倘若奖赏时间不合适，不仅起不到应有的作用，反而会适得其反，要花费更“昂贵”的代价。

我们先进行一个小测试，请你回答下列问题：

(1) 阅读一本小说的头几章时，有没有其他与此书无关的念头干扰你呢？

(2) 你曾放下书去倒一杯水吗？

(3) 你曾去给某位同学打电话了吗？

(4) 你曾打开电视，去看你所喜爱的电视剧了吗？

(5) 或者无意看到家人端出来的点心后，是否放下书去拿几块来吃？

请在每个问题之后写上“是”与“不是”。

你的答案是什么呢？

也许你觉得这些问题很无聊，其实不然，它们对我来说是有意义的，至少它们向我显示了你在学习过程中是否分心，而且这种分心是否能转换成令人愉悦的奖赏，从而更有效地刺激你的记忆。

如果对上述5个问题的回答从第2到第5都填写“是”字，那么你

肯定就不大可能全神贯注地阅读了，你的记忆已被分心所干扰了。

如果对所有问题都填上“不是”，说明我列举的事由不一定符合你的实际，完全杜绝分心是不大可能的，是什么事情或念头曾打断你的阅读呢？请列举出你认为对你的阅读影响最大的几点：

我们知道，记忆本身并不是一件令人开心的事，记忆时，会使大脑增加多余的负担，所以每当记忆时，大脑就会浮现出自己更喜欢做的事。

而进行记忆奖赏的目的，就是为了让你小有满足之后，更专心于你的工作。在进行记忆奖赏时，要做到：

第一，得有分寸。这个分寸是使你从正在做的事情中不要牵扯太久，而看电影则完全把你的心思转移开来了，使你远离了正在做的事情，因而你就不可能再对此事产生注意，自然也就记不住。

第二，得分时间。奖赏应在完成某些具体工作后才能获得。

因此，必须强调的是，分心必须有一定的限度，不能让它转移你的全部注意力。

其实，有时你的要求并不一定太高，你不过是想喝杯茶，走动走动，或者凭窗远眺，进行几次深呼吸。及时满足这些要求，看起来不起眼，却能足够地刺激你的学习劲头，而且不会分心太久，不致分散注意力。

不到奖赏的时候，不能迁就自己；但是，该奖赏的时候，不能拖延，拖延奖赏同滥加奖赏一样，都达不到奖赏的真正目的。

我们知道，在家庭教育中，有一些小男孩很调皮，他们的母亲往往无可奈何，只好说：“等你爸爸回来再惩治你！”爸爸回来了，狠狠地斥责了他一顿。但是你想过没有，这种训斥在孩子心里会有什么反应？他能把这种训斥与几个小时前的淘气联系起来吗？大概是不会的，孩子只是把这个训斥与正在发火的爸爸联系起来，由于时过境迁，训斥的本来意义已不复存在了。

所以，惩罚与奖赏是一对孪生姐妹，惩罚要及时，同样，奖赏也要及时，早不行，迟也不行。

上文已经说过，高兴的事情容易被记住。而奖赏自己，其本身就是一件令人高兴的事情，自然能在脑海中留下清晰的印记。但是，这与记忆具体的内容有什么关联呢？这就涉及暗示的功能了。

当你完成了既定的任务后，及时奖赏自己，或喝杯茶，或打个电话，或凭窗远眺，你会感到志得意满：一方面，完成了任务，精神需要满足了；另一方面，又及时地奖赏了自己，物质需要也满足了。这对你来说，无疑是件令人高兴的事，从而在脑海中留下深刻印象。

过了一段时间，你可能忘记了某些记忆的细节，但是，你对自己当时所产生的快乐感情却是难以忘怀的。那种情感的体验，就是一种暗示，由情感的暗示，联想到当时物质需求的满足情形，继而联想到精神需求的满足情形。这样，你就很容易回想起当时学习的细节，回想起你要记住的东西了。

第三章 创造最佳记忆的条件

好身体，好精力

锻炼强健的体魄

这天，晓军到学校，一直不见同桌小枫的踪影。上课时间快到了，小枫还是没有出现，晓军开始担心他是不是发生了什么事。

“今天小枫同学生病了，所以不能来上课。”老师对同学们宣布小枫的消息后，像往常一样继续开始上课。晓军心想放学后要去看望一下小枫。

“叮咚！叮咚！”晓军在小枫家门口按了门铃。

“请问是谁？”

“我是小枫的同桌，听说小枫生病了，所以……”

“请进来吧！”

小枫躺在床上，看着晓军。

“小枫，你怎么啦？”

“我感冒了，还发烧呢！”

“感冒啊？”

“是啊！昨天开着窗户看书，一下睡着了。可能平常身体就很虚弱，所以就……这下要怎么办才好呢？又要落下功课了。”

“别担心，我会帮你补上去的！”

“真的吗？”小枫的眼神马上明亮了起来。

就这样，晓军和小枫打开书本，一起学习。但是大约过了30分钟，小枫好像很困似的揉了一下眼睛。

“我没有办法继续下去了，一直想睡觉，可能是感冒的原因吧。”

“是吗？那明天再继续念吧！明天我会再来。”

“好哇！”小枫高兴地说。

隔天小枫依然没有上学，晓军又去了小枫家，但是小枫每次念书，都无法持续很久。几天后，虽然小枫回到学校，却没什么体力聚精会神地念书，而晓军每天都精神饱满。

“晓军，告诉我，你一天花多少时间在念书呢？”

“大概花一到五小时左右吧。”

“那么多啊？你的精神还一直这么好。”小枫有点意外，又问，“要怎么样才能读那么久呢？我每次念书只要超过30分钟，就感到疲倦而无法持续很久……”

“我爸爸常说：‘有健康的身体，才有充沛的精神。’身体要健康，才会对生活充满希望，学习的效率也才能跟着提高，所以我们家人时时刻刻都注意身体健康。”

“是吗？能不能告诉我诀窍呢？”

“好吧，首先，明天早上七点前，拿着跳绳到学校来。”

“要那么早啊？”

“对啊！与其晚上一直看电视，不如早睡早起，对健康更有益嘛！所以少说废话，明天一大早就要出来喔！”

隔天一大早，晓军和小枫在学校见了面，操场上足球队正在踢球，小枫则是还没完全睡醒的样子。

“首先，绕着操场跑一圈吧！”在晓军的积极带动之下，小枫只好开始跑了起来。

晓军和小枫很快就跑完了操场一圈。

“好，现在要开始跳绳了。”

说着，晓军示范了跳绳，像电视里的运动员一样，专业极了。小枫虽然也跟着跳，但表现比晓军差很多。

“别着急，慢慢来！现在回去吃早餐吧！”

早自习时间，晓军跟小枫再次见面。

“小枫，怎么样？”

“不知是否因为早上运动的关系，早餐吃了一大碗饭呢！我妈看到吓了一大跳。现在我的头脑很清醒，心情也好起来了。”小枫微笑着说。

就这样过了两个月后，小枫真的变得比较健康，连肉也长了些，脸上散发着微笑，看起来容光焕发。而感冒，再也不会轻易找上他了。

好身体是提高记忆的前提条件

健康的身体是提高记忆的前提条件。为了强健的体魄，要选择适合自己的运动。适当的运动不仅有助于身体健康，还能促进个人活动能力，让身体随时保持平衡，提高思维活动能力。

身体虚弱时，只要念一点书，就容易感到疲惫；失去健康时，想要做任何事情也无法做。只有身体健康，才能很好地管理时间，并按照自己的计划把事情完成。

想要过健康的生活，首先就要吃各种食物，以摄取各种营养成分，特别是为了释放力量，要多多摄取糙米和杂粮等食物，同时也要培养早睡早起的生活习惯，并试着找出适合自己的运动，最好选择平常就能自己练习的跳绳、慢跑、体操等运动。

不管是任何运动，只要勤加练习，就能帮助维持自己的健康。当然要注意到，如果运动过度，会造成疲劳，反而有可能会失去健康；若花大量时间运动，没有顾及学习和其他事情，也会适得其反，所以凡事一定要适可而止。

最后，要以平常心去努力锻炼，因为当心里感到平静安稳，身体也会跟着感到舒服。

适当的运动是解除疲劳和烦恼的灵丹妙药。正处于紧张学习阶段的中学生们，往往很少主动去参加运动，长时间的伏案学习后，脑细胞得不到充足的血液和氧气供应，容易出现疲劳，感到头昏脑涨，脑子不好使，学习效率下降。

这时最好停止学习，去做一些自己比较喜欢的体育运动，如跑步、打球等活动，这样不仅能从中获得快乐、解除大脑疲劳，还能调节人的心理状态，在运动中使内心的压抑、沉闷得以宣泄。

这对于有神经衰弱、失眠、抑郁等心理障碍的人来说，还是一种积极有效的改善和治疗措施，可以解除大脑疲劳，使人重新焕发活力。

一位世界级运动员曾经说过一句很经典的话：“当我的肉体疲倦了，我的精神也随之得到休息。”所以，我们应该做适当的运动，锻炼强健的体魄。

为你的大脑加“餐”

饮食影响个性

燕燕知道很多煮面的技巧。咕嘟咕嘟的滚水中，放入面条和调味料，大约3分钟就能煮好。因为爸爸和妈妈开了一家商店，生意非常忙，所以燕燕通常都是一个人在家。每天放学后，燕燕都是自己一个人进入空荡荡的家里。饥肠辘辘的时候，燕燕就要自己想办法弄一些东西来吃，而她最常吃的是面条，自从6岁开始，她就习惯自己一个人煮面条吃。

今天燕燕不是一个人回家，她把小静也带来了。燕燕一直希望跟学习优秀、个性随和的小静多亲近。“来，面条煮好了，里面还放了鸡蛋呢！”燕燕把看起来很好吃的面条和汤倒进碗里，招呼小静吃。

“你会煮面条！我已经很久没有吃面条了。”

“是吗？我是每天都吃面条，有时中午才吃完面条，晚上还会再吃。”

“真的吗？你怎么吃得下去？”小静听到燕燕说的话，吓了一大跳，因为小静家几乎很少煮面条吃。

“我家有很多面条呢！我常常自己一个人在家吃饭，所以妈妈经常买回来放着。”燕燕打开厨房旁边的储藏室的门，给小静看箱子里面的面条，在面条旁，还堆了一些可乐和饼干之类的零食，这些饼

干、面条、可乐都是燕燕的点心。

燕燕打开冰箱门，拿出一罐可乐后，吹着热腾腾的面条，跟小静一起吃。

“小静，你怎么学习这么好啊？我爸爸妈妈说要多请教你呢！”

“上课时专心听讲，回家后及时认真复习和预习。”

“怎么会那么简单啊？没有其他原因吗？”

“我在念书时，精神非常集中，因此很少有其他事情能干扰我。有时甚至连妈妈在旁边说话也听不见，这可能也是一个原因吧。”

“这样子啊？真是神奇！我都开着收音机学习呢！那么，你能动都不动地坐在椅子上一个小时以上吗？我连10分钟也坐不住，身体一直无法静下来，屁股都想要动来动去的。看来我好像真的比较散漫吧。”燕燕连在讲话的时候，也一直抖着腿，还摇晃着身子。

“最好是在学习前，好好地梳理一下心情，然后再试着集中精神。”

“我也想要那样啊，可是行不通的！其实有几次为了想熬夜念书而喝了好多咖啡，但是成绩还是不见起色。”

“你还要喝咖啡啊？”小静满脸惊诧。

“是啊！考试前的复习阶段，为了熬夜，很多人都喝咖啡呢！”

听到燕燕说的话后，小静又吓了一跳。那是因为到现在为止，小静都没有喝过咖啡，甚至连可乐都不喝。

“我们一块学习吧，待会儿一起吃晚餐吧！我会煮猪排呢！”

“好啊！”

燕燕一直很热情，使得小静也更想进一步了解她，所以打电话跟家里说要晚点回家。燕燕打开冰箱，开始找食物。

“哇，你们家好像有很多快餐料！在我们家都不让吃那些食物的！”小静继续说，“我们家还有奶奶和爷爷同住，我的奶奶和爷爷听到快餐食物，就很讨厌。”

“那跟我家吃的一定截然不同，我家通常以快餐为主。我爸爸妈妈太忙了，难得见到他们，所以几乎没有时间煮东西，有时连早餐也不吃。”

“在我家，七点一定要全家一起吃早餐。”

燕燕把冷冻猪排和鸡块放进微波炉里，一会儿晃腿，一会儿把冰箱门开来开去，这时她再一次问小静："你说，我为什么总是没有办法好好静下来呢？我根本无法集中精神，要怎样才好呢？"

小静摇着头说："是啊，试着努力静下来吧。"

"谁不知道这么说呢？就是努力也不行嘛！"燕燕突然皱着眉头大声嚷嚷，"你是因为很会学习，所以讲得那么简单。其实你懂什么？你能了解我的痛苦吗？"燕燕突然用脚踢了一下饭桌，吓得小静惊慌失措。

"我想回家了。"

小静开口想说些什么，但是对燕燕的问题，却说不出个所以然来。

当小静出去时，燕燕开始号啕大哭。

不良的饮食习惯

燕燕与她的朋友小静都没有明白，问题的症结在于身体会随着不同的食物而有不同的反应，身体已接受的饮食习惯，会影响脑部并左右个性。

经常会听到一些老师这样说：现在的学生比不得从前了，很敏感又缺乏自信心，还有一点就是，虽然可以跟少数要好的朋友交心，但却不容易与新朋友打成一片。

这些现象可能是受家庭与社会的影响，但是最近有科学研究提出新的理论，就是学生日常摄取的食物也会造成以上种种情形。

比如那些快餐食品中，有些就含有破坏大脑的毒素。如果喝多了像可乐类的碳酸饮料，其中磷酸盐和柠檬酸的成分会使钙质流失，对脑部造成不良影响，使人变得过度敏感，容易发脾气，注意力也变得散漫，最后会引发情绪不安，这些因素最终导致学习成绩不理想。

通常含有咖啡因的可乐和咖啡等，都会刺激神经，使得脑部无法得到充分的休息。因此，当喝了含有咖啡因的饮料时，心情虽然会顿时感到愉快，但最后还是会对脑部造成不良的影响。

相对的，有些食物能促进脑细胞的活跃以及提高学习效果，特别是蛋白质，多摄取一些有益于脑部发育。

饮食要保证足够的营养

充足的营养是激发大脑功能的物质基础。一个营养充足的人，精力充沛，思维敏捷，可以长时间高效地工作。尤其在考试前紧张的

复习期间，高度紧张的大脑劳动，要消耗大量的营养。此时若营养跟不上，易引起大脑疲劳，造成注意力、记忆力下降，从而影响学习效果，因此必须保证足够的营养。

蛋白质是脑细胞兴奋和抑制过程的主要物质基础，对记忆、思考、运动、神经传导有重要作用。因此，平时要多吃含蛋白质高的蛋类、牛奶、瘦肉、鱼肉、豆制品等食品，以保证蛋白质的供应。

维生素，如维生素D、维生素C、维生素E也是人体正常新陈代谢所必需的营养，而它们都不能从人体内转化而来，只能从外界吸收。因此，生活中要多吃富含维生素的新鲜水果、蔬菜，如西红柿、苹果、柑橘等。

钙是保持大脑持久工作的重要物质，要多吃虾皮、骨髓等含钙多的食品。

另外，还可多吃一些核桃仁、黑芝麻、枣、瓜子、花生等健脑食品。历史上实行科举制度时，考生中就盛行食用核桃仁来健脑。

最后，非常重要的一个饮食习惯就是——一定要吃早餐。因为不吃早餐会让我们的精神变得散漫，还会降低学习效率，使我们难以专心学习。

适当的音乐帮助记忆

音乐的力量

在意大利著名画家达·芬奇的名画——《蒙娜丽莎》中，她那甜美的微笑，就是音乐作用的结果。相传蒙娜丽莎是一位商人的妻子，当达·芬奇给她画像的时候，正赶上她的儿子刚刚死去，因为思念自己的爱子，蒙娜丽莎整天闷闷不乐，愁容满面。为了使她能微笑起来，商人请来了许多幽默大师，给她表演滑稽戏，但都未能使她摆脱忧愁与烦恼。后来请来一支乐队，专门演奏她家乡的音乐。渐渐地她被优美的音乐陶醉了，露出了微笑，达·芬奇立刻将她的微笑描绘下来，完成了这幅世界名画。假使没有音乐对蒙娜丽莎的作用，她或许不会微笑，也许不会有这幅名画流传于世了。可见，虽然音乐是无形的，但力量却是巨大的。

音乐具有令人惊诧的神奇作用。当你工作、劳动、学习之余，打开收音机或录音机时，那美妙的轻音乐可以使你心旷神怡；当你参加会议，奏起庄严的国歌、军歌时，会感到热血沸腾，充满了炎黄子孙的自豪；当你在苦闷、徘徊的时候，哼几段抒情歌曲会帮助你驱散忧愁。

音乐与大脑的记忆关系相当密切，主要有以下几个方面：

第一，陶冶情操。

音乐的历史是源远流长的，我们中国自古就是一个音乐王国。古代教育家孔子就特别重视音乐教育。孔子说：“兴于诗，立于礼，成于乐。”他认为乐教是完成诗教与礼教的最好方法。

音乐的作用是从感情上去陶冶人，高尚的情操是引起人们积极情绪的基础，而积极的情绪是有利于记忆的。

世界上许多著名的人物都是音乐爱好者，音乐对他们的陶冶作用

是不能低估的。著名科学家爱因斯坦对音乐就有特殊的感情，他常把拉小提琴当作最好的消遣。

第二，调节情绪。

因为音乐的旋律、节奏、音调、音色各有不同，所以能对人起到调节情绪的作用。在心情不好、情绪低落的时候，如果能听一段轻音乐，陶醉在优美的旋律中，就会忘记所有苦闷和烦恼，解除各种不良情绪的影响。

那么，音乐是怎样产生作用的呢？科学家们发现，人的听觉器官中的每一根神经只接收一种频率的音响，音乐是一定频率的声波振动，它被人体接收后，与人体内各个振动系统相吻合，于是产生共振，使各器官节奏协调一致。在共振的状态下，音乐能激发人体的内在潜能，使身体某些部分由稳定的静态变为活泼的动态。

尤其是节奏性强、感情色彩鲜明的音乐更能起到兴奋、鼓舞的效果，从而使学习安心，并增强记忆效果。

选择你喜欢的音乐

音乐既然能对人的身心健康、情绪等方面产生有益的影响，也就能直接或间接地影响人们的记忆。比如，你记忆一首纯文字的诗，可能比较费劲，但记忆一首谱曲的诗，随着乐曲优美的旋律，你就可能很轻松地便记住了，以后一旦听到曲子，歌词自然就随着曲子的旋律而记起。

根据美国科学家实验证明，莫扎特的音乐能提高人的学习和记忆能力，这种现象被称为“莫扎特效应”。

所以，在学习疲劳的时候，在精神紧张的时候，在情绪低落的时候，你都可以选择一种喜欢的音乐，只要它能让你放松，调动你积极向上的情绪，就可以帮助你更好地学习和记忆。

学习时如果听一些古典音乐，可以帮助你精神集中，使你比较容易记住所读的内容。

古典音乐没有歌词，听的时候无法跟着唱，也不会在听到时，有心情剧烈起伏的危险。因为若是听到一首感伤的流行歌曲，就受到影响，甚至伤心地哭个不停，也没有心情学习，那才是最糟糕的事。

青少年时期是心情最容易起伏的阶段，若能听些稳定情绪的音乐，会让精神平和，学习的时间增多，效率也会倍增。

音乐其实可以抚慰人心，若心情已经不稳定，还选择一些让自己心神不宁、胡思乱想的歌曲，学习的效果当然也会不佳。所以选择陪伴自己学习的音乐类型，就显得很重要。古典音乐应该是一个不错的选择。

摆设舒服的书房

不同颜色的作用

颜色具有三个组合要素：色相、光度和色彩。色相不同，人们的心理反应也不一样。光度的高低和房间明亮与否有关，色彩是否温和与紧张、松弛神经有关。

就色相而言，一般说来，红色使人兴奋，给人热烈向上的感觉；黄色散发着温馨、柔和的气息；白色是纯洁的象征；绿色让人安详满足；蓝色留下认真的印象；深紫色却表现出哀愁的情丝；黑色则是肃穆、庄重的标志……

暖色系列的颜色大多能刺激人的感情亢进，也能产生极端强烈的冲动；而冷色系列则具有稳定情绪，使人安宁的作用。

别小看颜色，或许稍微改变一下你现在书房的颜色，晚上你的学习情绪就会马上改观！

书房墙壁的色彩对记忆非常重要，一般来说，书房不宜使用彩度高、光度低的色系。太过活泼的颜色及光度太高、彩度太低的墙壁，会让你的情绪变得紧张。

对性格活泼的人来说，要采用冷色来集中精力，避免因色彩太活跃而分散了注意力。

而性格文静的人，则适合用暖色系列来激发情绪，抖擞精神，振奋学习意识。

所以在书房色彩的选择上，我们应该考虑到自己的个性特征和喜好。

摆设要舒服

书房的摆设并不是一成不变的，你才是书房的主人，只要你喜欢，你就可以变动那些摆设，只有你觉得舒服了，才会安心看书。

比如，随着季节的变换，你可以改变桌子或书架的位置，或是利用布帘把房间隔开，使自己能够专心看书。

又比如，学习的时候，你突然觉得椅子太高了，或者太低了，自己的姿势也不正确，这样读起书来不舒服，容易疲劳，而且有碍健康。

为了消除不舒服的感觉，你可以在脚下放一堆旧杂志或一个小凳子，椅子上也放个坐垫什么的，这样一来，姿势正确，坐得舒服，就不至于很快就感到疲劳不堪，读起书来也轻松多了。

照明的条件

白天学习的时候，室内的采光大多不会有什么问题，一到晚上，照明条件的好坏就跟学习的效率大有关系了。例如：光线不足，眼睛很快就会感到疲劳。眼睛一感到疲劳，睡意就会袭来，再不就是浑身感到倦怠，倒床见周公。

在书房里，以大约60瓦特的灯泡直射书桌，并且灯泡离书桌约50厘米，这样所产生的亮度最为合适。

亮度足够后，还要注意别使光源太刺眼，否则眼睛还是很容易疲劳，最好是有灯罩，使灯光不至于太刺眼。

还有一点，只让灯光集中在桌面上的某个部位，其他地方则一片暗淡，等抬眼看四周之后，眼球本身就得不断调整，也容易使眼睛疲劳。为了防止这个毛病，得设法使光源照射到的面积尽量扩散，或者把电灯设在天花板上和桌上。

以一般的电灯和日光灯来比较，从各种效用上来说，日光灯的照明条件似乎比电灯更适合学习。只要不让光线直接射到眼睛，日光灯可以说是学习最理想的照明用具。

适合学习的温度和湿度

据专家研究，使脑筋保持清醒、学习效率最高的最佳气温是18℃（包括室内、室外），湿度若低，可感到神清气爽。例如：气温是21℃，湿度是40%，这种状态下仍然适合学习；而如果气温同样是21℃，湿度高达70%，就会令人感到闷热，而不是学习理想的状态了。

要保持脑袋清醒，光是气温和湿度适合还不够，还得看看室内空气的流动情况。也就是说，书房内必须有不断流动的气流。否则长时间在不通风的室内学习，大脑容易变得昏昏沉沉。

尤其一到夏天，强烈的阳光从对面的屋顶或地面反射到书房，很容易令人心浮气躁，所以务必以窗帘、竹帘或树阴等来遮住太阳的辐射热。

夏天是气温、湿度皆高的季节，是最不适合学习的时候，所以应该设法使室内保持通风良好的状态，或者在酷热的白天暂不学习，尽量在清晨或黄昏的凉爽时候把握时间学习，那才是最好的方法。

窗明几净更利于学习

整洁的书房

“哎呀，乱死了！这算是房间吗？简直就是一个猪窝！都这么大了，也不知道自己收拾！”母亲一边整理夏易的房间，一边恨铁不成钢地痛骂着。

“在这样的书房里，怎么能看得下书呢？”

“无所谓啊，整理还要浪费时间呢！”夏易满不在乎地说。

“怎么没有关系！在这种混乱的地方，你怎么集中精神啊？”

在夏易的眼里，书房并没有特别杂乱，只是偶尔找书和其他一些东西的时候会比较困难。但他觉得这不是什么大问题，也不值得亲自花时间去整理书房。

妈妈一个一个地收拾房内散落四处的玩具和书，整齐地放回书桌和书架上后才出去。

夏易突然想起自己还有一个约会，一看表，已经到约定的时间了。

今天是小浩的生日，昨天小浩就已经邀请他了，所以几个要好的朋友相约在校门口集合，然后一起去小浩家。

“妈，我得去小浩家了。”

“小浩家？干什么啊？”

“今天是小浩的生日。”

“好，去吧。要早点儿回来！”

妈妈这么爽快地答应，可能是因为她知道小浩学习很好吧。

夏易急急忙忙地飞奔到约会地点，受邀的同学已经在等着他了。

“夏易，怎么这么晚才赶到啊！还以为你不来了呢！”

“很抱歉，让大家久等了！”

大家凑了一点钱到礼品店买了给小浩的生日礼物，然后往小浩家走去。

“小浩，生日快乐！”

“谢谢，赶快进来吧！”

小浩和母亲热情地开门迎接同学们，客厅里准备了各式各样的点心。

小浩吹熄了蛋糕上的蜡烛后，大家开始唱生日快乐歌。之后，大家一面吃生日蛋糕和餐点，一面快乐地交谈。

“小浩，可以参观你的房间吗？”有人调皮地提出建议。

“当然可以，随我来吧！”小浩毫不犹豫地打开了房门，让大家参观。

虽然小浩的房间没有夏易的大，可是真的非常整齐干净。淡淡的蓝色壁纸，白色的地板，书架上整整齐齐地摆着书，书桌非常整洁，生活计划表和功课表也摆放在适当的地方，窗户上装了蓝色的百叶窗代替窗帘，可以适时地遮住阳光。

“大家进来吧！”小浩笑着把那些还在门外犹豫的同学叫了进来。

大家觉得房间太整洁了，所以不好意思随便进去。

“小浩，你是知道我们要来，所以特别整理好的吧！”

“不是啊，今天还没有打扫呢！”

“不会吧！没有打扫的房间怎么会这么干净？”大家相互看着，有点怀疑。

“这个嘛，如果平时没有整理好书房，我就会心情混乱，不能专心学习。”

“那么，是你上学时，你妈妈帮你整理的吧！”

“没有的事！我妈绝对不会帮我打扫房间的，她的原则是‘自己的房间要自己打扫干净’。”

“小浩就是与众不同，怪不得那么会学习！”夏易心想。

从小浩家回来后，夏易开始自己动手整理脏乱已久的房间。

他特意把书分门别类放在架上，使找书变得更加方便，又把房间里跟学习没有关系的杂物全都放入箱子里后，收到储藏室。书桌上摆放的一些小玩意也统统收起来。

焕然一新的房间，就像小浩的房间一样，窗明几净。

夏易的心情，像是新装潢好的房间，感到前所未有的舒畅和清爽。

书桌上不要有杂物

随着周边环境的变化，人的心情与态度也会有所不同，当周边杂乱不已时，人的心情会随之纷乱散漫。但在一个有条不紊的环境里，集中精神则很容易。因此环境对学习和生活都是非常重要的。

环境可以经由大家平常的习惯加以改变。凡是习惯有条不紊整理事物的学生，不单是成绩，连学校生活，也都比那些没有整理习惯的学生来得充实。

无论如何，我们学习的最基本的环境，就是自己的书房。因为上课环境是由一群同学一起营造的，但是书房则是由自己所创造的私密空间。

随着平时养成的习惯，大家的房间会有不同的风貌，有些可能很整洁，但相反，也有些可能像猪窝，书籍和玩具等散落四处，不堪入目。

不知你会不会产生这样的感觉：因为读不下书，或每当要写作业时，就会感到烦躁？

如果有这种情况的话，从现在起，试着把自己的房间打扫干净，并培养把东西整理得井然有序的好习惯。

如此一来，心情不但会感到舒爽愉快，甚至学习也能得心应手，做功课时引发的烦躁感，也会烟消云散。

在你的书桌上最好不要放置其他的杂物，这样才能专心，不然心思会被其他的东西所吸引，而把该学习的时间浪费在其他的杂事上。这样长期下来，只要一在书桌前坐下，就会开始认真学习，而不会做

些杂七杂八的事情。

人是惯性动物，若每天都能这样专心地学习，潜意识中会告诉自己就是应该专心，不可以分心做其他的事，久了就会成为习惯，有了习惯后，就算不学习，自己也会觉得怪怪的，从而会想坐下来读点书。

书桌上没有其他的杂物，会让自己得到一个信息：不可以做其他的事了，现在就是该学习。要学习就应该认真，不然就干脆去玩。倘若身体已经坐在书桌前了，心中还在想其他的事，这样当然无法读好书，不会有好的成绩，也怪不了别人。所以，请把书桌整理好，这样才能帮助自己集中精神。

第四章 轻松记忆的技巧

效果非凡的有意记忆法

宋朝有个读书人叫陈正之，他看书看得特别快，抓住一本书，就一个劲儿地赶着往下读，一目十行，囫囵吞枣。他读了一本又一本，花费了很多时间和精力，可是效果很差。读过的书如同过眼云烟，很快就忘记了，几乎没有留下一点印象。这使他十分苦恼，疑心自己记忆力不佳。

后来，有一天，他遇到了当时著名的学者朱熹，就向朱熹请教。朱熹询问了他的读书过程之后，给他一番忠告：以后读书不要只贪快，哪怕每次只读50个字，重复读上多遍，也比这样一味往前赶的效果好。读的时候要用脑子想、用心记！

陈正之这才明白，他读过的书之所以记不住，不是因为他的记性不好，而是学习目的不明确，方法不对头，他把多读书当成了读书的目的，忽视了对内容的理解和记忆。匆忙草率地读书，既不能消化书中的内容，又不能有意识地进行记忆，他的记忆效果当然不会好。

明白了这个道理后，陈正之在读书的时候，每读完一段内容，就回想这段内容讲了些什么，有几个要点，并且留心把重要的内容记住，日积月累，他终于成了一个有学问的人。

有明确的目的或任务、凭借意志努力记忆某种材料的方法，叫作有意记忆法。相反，没有明确的目的或任务，也不需要意志努力的记

忆方法，称为无意记忆法。心理学研究表明，有意记忆的效果明显优于无意记忆的效果。所以为了系统地掌握科学知识，必须进行有意记忆。

美国一家心理研究所做过这样一个实验：他们请老师给两个班的同学布置了默写课文的作业，都说第二天测验，第二天果真测验了，结果两个班成绩差不多。测验后，只告诉一班同学以后还要测验一次，二班同学不知道。两个星期后又进行测验，一班同学的成绩比二班同学要好得多，并且一班同学在测验前也没有突击复习。

这说明，并不是一班同学比二班同学更聪明，记忆力更好，而是由于老师在第一次测验后，对一班提出更长久的记忆目标，结果一班同学就记得长久些。

这个实验告诉我们，在学习中要养成一种习惯，严格要求自己，给自己提出明确的记忆目标，这样才能有好的记忆效果。

进行有意记忆，首先要有明确的任务。任务明确，就能调动心理活动的积极因素，全力以赴地实现记忆的任务。任务越明确、越具体，记忆效果就越好。例如，英语单词不容易记，但又必须记住，因此，你可以把生词写在小卡片上，规定自己每天必须记住20个生词，并及时进行复习与检查。这样，日积月累，你的词汇量就会大增。

其次，有意记忆要有意志努力的参与，也就是我们常说的“专心致志”。要下决心记住一段材料，就要进入“两耳不闻窗外事”，“头悬梁，锥刺股”的境界。如果面对着要记的东西，连连叫苦或漫不经心，或者知难而退，都不会取得好效果。

这种增进记忆力的方法，既需要毅力又需要一定的技巧。看起来有些难度，但是这种方法正是我们在日常生活中用得最多的一种方法。

妙趣横生的谐音记忆法

谐音画巧骂慈禧

传说慈禧太后造颐和园的时候，召山东著名画师李奎元进京作画。李奎元在一个屏风上画了一幅大画，上面画着一个胖小子，跪在午门前，手托大红寿桃，背景是各国国旗招展，兵马成行，威武列阵。画完后，慈禧带着文武大臣前来观看。大臣们众说纷纭，这个说画的是“仙童祝寿”，那个说画的是“万国来朝”。慈禧还算聪明，她看了一会儿，勃然大怒，连声叫着要杀了李奎元，可是李奎元已经逃走了。

猜猜慈禧为什么生气。原来，这是一幅谐音画，意思是“临阵托桃（脱逃）”，辛辣地讽刺了慈禧等人投降卖国的罪恶行径。

有很多学习材料很难记忆，在它们之间不易找出有意义的联系，例如，历史年代、统计数字等。如果对这些学习材料能利用谐音联系某种有趣易记的东西，这样记忆起来就会轻松愉快。

我们经常听到的一些歇后语就是用的谐音方法。比如，老虎拉车——没人敢（赶）；十冬腊月生人——动（冻）手动（冻）脚；三尺长的梯子——答（搭）不上言（檐）；旗杆上插鸡毛——好大胆（掸）子等。原来比较枯燥的东西，利用谐音，也可以变得这样有趣。

那么，为什么谐音能够提高我们的记忆效果呢？原来，通过谐音，可以使那些记忆材料具有双重意义。这样，一开始，记忆材料便成双结队地输入大脑，并分别与我们大脑中已经存在的知识相结合。等到我们去回忆的时候，自然就多了一条渠道，这时，只要双关语的这一侧面能够再现，那么另一侧面也往往随之而出了。

谐音的妙用

利用谐音可以背一些繁杂的数字。

关于背圆周率的方法很多，但最有趣的就是这个了。据说，有位老师上山与山顶寺庙里的和尚对饮，临走时，布置学生背圆周率，要求他们背到小数点后22位数：3.1415926535897932384626。大多数同学都背不出来，十分苦恼。有一个学生把老师上山喝酒的事结合圆周率数字的谐音编了一句顺口溜：“山巅一寺一壶酒，尔乐苦煞吾，把酒吃，酒杀尔，杀不死，乐而乐。”待老师喝酒回来，个个背得滚瓜烂熟。这位聪明的学生就是利用谐音法来帮助记忆的。

珠穆朗玛峰有多高呢？8848米。“8848”读起来像不像“爬爬试吧”呢？

2的开方是多少呢？1.41421，那就是“意思意思而已”。

地球的平均半径是多少呢？63740米，可以记成“漏傻气是灵”，就是漏—6、傻—3、气—7、是灵—40，这样，你肯定是不会忘记的了。

那么，地球与太阳平均距离1.4961011米中的1.496又怎么记忆呢？我们可以把它看成是“一点是酒肉”。这是谁到饭店点的菜啊？可够馋的了。

《诗经》一共有305篇。怎么记忆呢？“三令五（305）申”，我们就能记得住哦！

长江全长6300公里，黄河全长5464公里。作为中国的少年儿童，我们是应该记得这两个数字的。那么怎么才能记得住呢？有的老师帮助大家想出一个记忆的好办法：流沙淋淋，勿使流失——瞧瞧，还有保护环境水土的意思在里面呢。

运用谐音来记忆数字，本身就能产生很多好玩有趣的事情，所以也特别有利于我们牢记。

利用谐音法还可以帮助记忆某些历史年代。不少学生觉得记忆历史年代是件很苦恼的事，不容易记住，而且还容易混淆。但是，要学好历史，又必须记住历史年代，因为没有时间也就无所谓历史。于是，许多学生就利用谐音法来帮助记忆历史年代。例如，马克思生于1818年，逝世于1883年。那么，可以这样来记："(1818～1883)（一爬一爬，一爬就爬上山）"。再如，甲午战争爆发于1894年，用它的谐音："一把揪死"，就非常容易记住。

我们知道，如果老奶奶的耳朵不太好了，就会经常把你说的话听成别的意思，甚至出现很多有趣的事情。比如你对奶奶说："人要多吃些蛋白质。"她可能会感到迷惑，反问："为什么要多吃大白纸呢？"她把"蛋白质"听成了"大白纸"，这就是词语间出现"谐音"而造成的。而我们正可以利用这个办法来帮助我们记忆！

在挑战奥运前，我们已经把奥运项目进行了分类，但还要辅以其他的方法来记住它们。现在我们就用新方法试试吧！

第一类中有跳水、游泳、皮划艇、赛艇和帆船五个项目，我们从它们当中每个取出一字，按照顺序组成一句话：跳游皮赛帆！看字面有点让人糊涂，可听起来好像是"挑油皮晒翻"，我们可以想象成烈日下一个卖油翁用扁担挑着油去卖，把皮肤都晒得翻起来。好家伙，真毒的太阳啊！你记住了吗？

第二类是球类，我们重新组织一下："手足垒"了"网曲棒"，"乒篮排"那"水羽沙"！听起来像："手足累了忘取棒，凭篮排那水与沙"，想想可能是家里水龙头没关好，屋里发大水了，忙得全家人手足都累了，竟然还忘了取棒子，只能凭着篮子往屋外排污水与沙泥了！哈哈，好奇怪的一家人啊！

利用这种用谐音的方法，可以凑出有趣的打油诗和好玩的画面，

于是我们就可以把这么多的项目都记住了！

现在我们再来记忆另外两类奥运项目。

第三、第四类奥运项目有：跆拳道、摔跤、拳击、柔道、射箭、射击、击剑和铁人三项、自行车、现代五项、马术、体操、蹦床、举重、田径。

我们现在从这些项目中，尽可能挑出有意义的代表字，比如取"跆拳、摔、击、柔，射箭、射击、剑、铁、车、现代五，马、体、蹦、重、田"这些字。

然后，我们把它们按顺序每五个字组成一组，再连到一起，就成了这样的歌谣："跆拳摔击柔，射箭射击剑。铁车现代五，马体蹦重田。"

上面的歌谣读出声来，很像："抬拳甩肌肉，射箭射击剑，铁车现代舞，马踢甭种田。"你们听出来了吗？这里又包含什么故事和画面，你自己去理解和想象吧！记忆这些项目一点都不难吧？这里需要注意的是，你可别忘了哪个字都是代表什么项目啊！

高效省时的精选记忆法

据说，苏联时代的莫斯科大学有一位大学生，在图书馆的石阶上走路时不小心摔了一跤，大脑受到撞击。从此，不可思议的事情发生了！他的记性好得不得了，过目不忘，报纸上的任何版面只要是他阅读过的，每篇文章都能倒背如流。但令人遗憾的是他的头却疼痛欲裂，因为记得太多，大脑得不到休息。

知识是无穷的，但并不是所有的知识都有必要清楚地记忆在脑海中，所以记忆应有选择，只记忆那些最重要、最有意义、最有价值的材料。

对记忆材料加以选择和取舍，从而决定重点记哪些，次略记哪些，这种记忆方法叫作精选记忆法。

对记忆材料之所以加以选择，是因为每个人每天接触的信息太多了。这些信息并不是都需要记忆的。所以，善于学习、记忆能力强的人，往往善于抓住重点，抓住精髓，善于组织材料。

据说在古希腊时期，有个人记忆力惊人，可以把文章倒背如流，过目成诵。可是亚里士多德却瞧不起这种人。因为他觉得这种不分主次、轻重，不管有用、无用，一股脑儿全都背下来是没有什么好处的。

有位很优秀的学生在谈到精选记忆法时说："修辞格有数十种，但常用的只有十几种。学习所有修辞格之后，我把常用的12种修辞浓缩成顺口溜：'比喻、借代、比拟、夸张、双关、反语、设问、反问、反复、对照、对偶、排比。'并且以这24个字为主，列成一张表。在编排中，除了让它好读、押韵，便于记忆外，还把容易混淆的放在一起，用箭头标出，在下边用简练的语言注上联系与区别和特性。记住了顺口溜也就记住了12种主要的修辞格，根据排列的位置，想到几组修辞格的异同，进而想到它们的全部特点。这样，在分析句子时就能做到条理清晰，不易混淆和遗漏。"

同理，在记忆其他学习材料的时候，也必须首先对材料进行整理简化，精选精记，既节省时间，又减轻记忆的负担。

第五章 掌握记忆的窍门

好记性不如烂笔头

发挥笔记的作用

“好记性不如烂笔头”，这是古今中外学者们的经验。一位学贯古今的博学者曾经说过一段治学名言，叫作“三不如”：“买书不如借书，读书不如抄书，全抄不如摘抄。”

对于现在的中学生来说，上课时候的笔记对于课后的复习和记忆至关重要。但并不是每个学生都懂得如何去记笔记，让笔记在记忆的时候发挥最有效的作用。有些学生在上课的时候，一味地只顾埋头记笔记，大脑和手始终处于机械而紧张地“录制”语音符号中，可是合上笔记本想想老师究竟讲了些什么，脑子里又是空空的，只好再花大量时间去看笔记，其结果是“上课记笔记，下课看笔记，考试背笔记”。如果你翻开他们的笔记，你会发现本子里密密麻麻，全是老师在黑板上的东西。但内容混杂，没头没尾，显然没有听懂老师的讲课。

还有一些学生在上课时只是专心听讲，不记课堂笔记，这样虽然他们自己觉得课堂上老师讲的都听懂了，可是复习时却找不到线索，结果也影响了学习效率。

在课堂上，恰当而合理地记好笔记是非常重要的。总体来讲，笔记应该发挥这样几个作用：

(1) 帮助理解和巩固所学的知识；

(2) 整理自己的思路，加深思考；

(3) 从众多资料中有目的地整理出有用的东西，从而培养处理资料的能力；

(4) 通过学习过程的记录，总结自己的学习方法；

(5) 使模糊的认识和疑点变得明确。

让笔记成为“超级词典”

教科书有其重要性，但是千万别误以为：只要把教科书读熟就天不怕、地不怕了。

教科书所提供的是知识的基本骨架，但是若要在骨架上添血加肉，那就非得看重笔记不可了。

所谓的记笔记，并不是在笔记本上重新抄录教科书已有的内容，这无异于多此一举，用不着如此费力耗时；而且如果连自己都不明白哪些内容写在哪里，杂乱无章，那么便无法发挥笔记的功用。

笔记务必发挥“超级词典”的作用，记的原则是将必须知道的基础性知识和应用项目，有条不紊地整理成册。

那么记笔记就是把老师的话全都记下来对吗?

有一位老师曾经说：“这年头的学生，对记笔记可真是全力以赴。他们之中就有把老师说的话一字不漏地记下来的。”

像这样一字不漏地全部记录下来的学生，就跟会议的速记员无异，等于是为记笔记而记，其实是一点意义也没有；而且事后要复习的时候，势必得花上不少的时间，反而没有效率。

记笔记并不是愈详细愈好，它的价值是在于用心听课后，把了解透彻的内容，用自己的语句重新写出来。所以，笔记的内容必须简明扼要，做到只需扫一眼就知道那一堂课的内容大纲，而不必有一句记一句。为了列出这样的大纲，需要花一点脑筋，才能整理出来。

这个“超级词典”应该是一个简单明了的综合式笔记本。一般来说，它可以包括：预习时查出来的疑问、老师讲课的重点、参考书列出的资料、从报纸上找来的剪贴资料、例题、练习问题、自己容易犯错的地方、同学的另一种解答方法等。

把上面这些内容全部都整理在一本笔记本内，它才能发挥“超级词典”的作用。

课堂笔记怎么记

首先在笔记的内容方面，应注意记录以下东西：

(1) 记老师的板书。这些是老师讲课的思路，也是重点内容。如：基本的大小标题，基本定义、原理等，力求准确。还有在分析问题的过程中老师在黑板上画的图形、表格、文字说明、关键词语、有

说服力的数据、典型事例等。

(2) 要简明扼要地概括记录老师的讲解，特别是例证分析可谓课堂讲授的精华，一定要尽量记录。

(3) 记下自己在听讲过程中突然产生的对解决某个问题有启发意义的灵感或殊途同归的解题思路，尤其是最佳方案。

其次，在笔记的版面上应注意以下两点：

(1) 笔记与书本不同，它主要是一种供我们复习用的纲要式文本。因此在版面形式上也要注意与一般书本不同，要力求做到简明扼要、形象生动、一目了然。重点、难点、疑点要记全，但不必照抄老师的原话，否则会因忙于记笔记而顾不上听下面的内容。

(2) 笔记不要写得太密，最好在一页纸的左边、右边或下边留有空白，以便以后的补充。

记笔记只是一种手段，最终的目的是能为我们所使用，如果把完成的笔记束之高阁，就失去记笔记的意义了。有人对记录的本身很感兴趣，将笔记整理得有条不紊、字迹秀丽，自己看了感到很得意。不过，再美观的笔记若没有好好利用，就太可惜了。

笔记是钻研、学习留下的记录，是动脑动手留下的痕迹。好的笔记有着自己的灵魂，它应该是工整但不呆板的，笔记里最重要的部分便是问题的提出和经过相关思考而初步找到的答案，以及有关的背景材料和知识，另外就是老师课堂上强调的重点之处。

好的笔记还有自己的独特方式，包括各种各样的记号，彩色标记以及在课后复习过后留下的痕迹和进一步的疑问，同时还应该在笔记边缘处标出小标题，以便于整理思路。记好笔记本身就意味着一种学习，善待了自己的笔记才能说是真正善待了自己的学习。

对于课堂上记的笔记，在课后要进行及时复习，可以采用以下三种办法：

(1) 圈点法。运用自己熟知的符号，如“圈”、“点”、“线”、“框”等，圈定老师讲解的知识重点，锁定目标，便于今后复习巩固时掌握重点。注意标示位置要恰当，目的要明确，切不可“鬼画桃符，似是而非”。在课后整理的时候自己也看不懂。

(2) 文字压缩法。上课认真细致地听讲，留心老师反复重复的话题。边思考边把重要的知识要点在相应的地方记录下来，只记几个重要词语，其他一律用省略号代替。对不清楚的记录要利用休息时间进行整理，切不可贪多求全，把记笔记当成听写训练而忽略对知识的“消化”。

(3) 卡片法。把笔记整理成回答式的卡片，贴进书里。卡片逐渐增多，你的视野也会随着教材“丰满”起来，书就成了一个“袖珍图书馆”。制作卡片要讲究科学、简明、实用；纸片不宜过大，内容不宜冗长，以免成为复习时的精神负担。

对笔记进行编辑

我们不仅要记好笔记，还要学会运用一些技巧对笔记进行编辑，使笔记更好地发挥作用。所以，笔记的编辑技巧非常重要，是不能忽视的。

下面列出几项编辑技巧，建议你可以试一试。

(1) 二分法。把笔记本分成双数页、单数页，或者是上段、下段，或是左、右两边。

如此分割成两种区域，一边专记自己查过的资料、注意事项、剪贴、标准解答、其他解答等等；另一边则专记老师讲课的内容、练习问题等。

要尽量把每一个项目容纳在同一页里。如果跨页记载，考前要复习就显得不方便，也不容易记忆。

(2) 图文结合。笔记并不单限用文字来表现，反而要尽量把有关的地图、图解、比较表等纳入，使内容一目了然；文字也要简单明了，千万不要废话连篇。

(3) 做目录、索引。笔记本也做目录和索引，有些人也许会觉得很好笑，但是如果想好好应用这种综合性的笔记本，实在是有必要做目录和索引。方法是，笔记本上的每一页都要编写页码，头几页空下来，以便做目录之用（目录要写出主要项目）。

索引可以分成几大类，如“重要公式集”、“重要文句集”、“应背事项一览表”、“项目别年表”之类，随着学科的不同，拟出不同的项目，整理在最后几页。如果有新事项，就立刻添加进去。

要是笔记本已经写满了，就另用纸张写下目录和索引，折叠后贴上。这样编成的目录和索引，在准备考试时，一定大有用处。

及时复习，重复记忆

及时复习提高记忆效率

有些同学，他们聪明伶俐，对于老师在课上讲的内容，一听就明白，理解得也比别人快，按理说，这么聪明的学生，学习应该很优秀。但是，事与愿违，他们的成绩很平凡。

为什么呢？他们自己也很纳闷：“上课的时候，我明明都听懂了，也掌握了所学的知识了，怎么还是得不到好成绩呢？”

如果再仔细观察的话，就会发现，原来这些学生自以为已经掌握了所有的知识，而且自己的记忆力也很好，所以下课后也不去复习，久而久之，那些学过的东西就渐渐淡忘了。

我国著名的桥梁学家茅以升记忆力超群，很多人曾经询问他的记忆秘诀，他回答说：“说起来也很简单，就是重复！重复！再重复！”

是啊，学过的东西，只有反复去复习，才能够牢固地记忆，并能运用自如。有这样两个大学生，甲的外语水平比乙高一筹。毕业后，两个人在同一个中学里工作。甲担任行政领导，而乙担任外语教师。3年过去了，由于乙天天接触外语，英语水平不断提高，口语能力也很强，并开始翻译一部外国小说。而甲呢？自从毕业后，就极少再复习运用英语，他甚至已经想不起几个英语单词了。

这就是复习与不复习的巨大差别。

心理学研究表明，刚学过的东西如果不马上复习巩固的话，就会产生遗忘。虽然你上课听懂了。但你省略了复习环节，这样致使所学知识的系统性、完整性受到破坏。时间一长所学的知识就会模糊、忘却、不系统，这样的知识当然容易忘记了。

心理学家曾经做过这样的实验：让3组学生熟记一篇诗歌，第一组间隔一天复习；第二组间隔3天复习；第三组间隔6天复习。一直达到熟记的统一程度，结果第一组学生平均需要复习4次；第二组平均需要复习6次；第三组平均需要复习7次。可见，复习间隔的时间越短，复习的次数越少。实验结果表明：如果复习能做到及时，可以提高熟记的效果。

那么，如何进行有效的复习呢？下面为你介绍几种方法，建议使用。

课后回忆

这种方法也称“尝试回忆”或“试图回忆”，即在听课的基础上，把所学内容回忆一遍，它可以检验你的听课效果。

也有人把课后回忆叫作“过电影”。如果能顺利回忆，就证明听课效果好，反之就应寻找原因，改进听课的方法。

回忆是一种积极主动的活动，需要高度集中注意力，把学过的知识在头脑中“再现”一遍，从而巩固所学的知识。

你可以一个人单独回忆，也可以几个人在一起互相启发、补充回忆。课后回忆可以按教师的板书提纲进行，也可按教材的纲目结构进行，从课题到重点内容，再到例题和每部分的细节。

电影开幕前的那几分钟，你是在焦急地等待，还是与人唧唧喳喳议论不休？还有等电梯的时候，在站牌下等公交车的时候，在回家的路上……这么多等待的时候，也许只有几分钟，可是如果能在这短暂的2分钟，或3分钟，也可能是5分钟里，把今天刚学的内容在你的脑海里像放电影一样放映一遍，效果肯定大不一样。

这种方法至少有两个优点：

(1) 快。放电影回忆法可以简单回忆知识点，也可以详细回忆

所有的内容，所以可快可慢，可以充分利用生活中一些零碎的时间。

(2) 查漏补缺。放电影回忆是在脑海中尽可能清晰地重现学过的内容，如果放映不出来，说明还没有完全记住。这时要立即看书并找出记忆的薄弱环节，如此循环往复，记忆效果将会倍增，而且所记内容也会清晰无比、牢固准确。

这里介绍几种放电影回忆复习法的方式：

(1) 如果时间短暂，你要让大脑尽快播放电影，只要问自己几个问题就行了，比如：今天学了什么课程？课程的题目是什么？课程分成几块内容？每块内容的重点是什么？

(2) 如果时间比较充裕，你可以用时快时慢的方式，把那些不太重要的内容快速地放映，而每到重点内容或关键的词句、公式的时候，就要采用慢镜头的方式，甚至定格，反复琢磨。

(3) 如果时间很充裕，你完全可以用默读的方式，在脑海中一字一句地播放，就像朗读或默写一样，这种方法可以有效地提高你的记忆准确性。

细读教科书

有经验的人说，课本是学习之本。的确，我们的教科书内容系统、严谨、深刻，是一般参考书无法代替的。复习时若不认真钻研教科书，则难以达到教科书的基本要求，也难以系统地掌握课上所学的知识，因为教科书是教与学的唯一凭据。

许多优秀学生的学习实践表明，对教材理解得越透，掌握得越牢，作业就做得越好，越节省时间。这就是熟能生巧的道理。而且，在回忆阶段，回忆不起来的地方，搞不清楚的问题，大部分可以通过细读教材来解决。

为达到质量较高的阅读，在方法上需要注意以下几点：

(1) 圈点勾画。阅读时，把新出现的概念、定义、定理、结论等重点部分，或容易忽略的要点部分，用红色笔勾画出来。

(2) 提要。在书页的空白处，用少量文字，把书的重要内容简单地概括出来。

(3) 摘录。在书页的空白处，用不同颜色的笔，记录我们通过思维，从书中发掘出来的意思，也就是人们所讲的“从字里行间读出的学问”。

除了细看教科书外，适当地补充点参考书也是有必要的，但要摆正教材与参考书的主从关系。阅读参考书仅是作为学习课本的补充，目的是加宽知识面和加深对教材的理解，所以我们应该根据自己的需要适当选择一些参考书，并只看或做其中对自己有帮助的章节，而不要把大量的时间泡在参考书的题海中。

整理课堂笔记与做练习

课堂听课时间是有限的，而且老师讲课的速度较快，难免会漏记一些内容，这就需要课后整理笔记时加以补充。特别是提纲式笔记，它只记录了课堂内容的纲要，因此必须整理笔记，充实内容。

此外，在课后复习中，可能会有新的发现，新的体会，也需要补充到笔记中去。整理好的笔记，应该线索清楚、重点突出、内容简要，应该是一份经过自己加工、适合自己使用的复习资料。

一般来说，整理笔记的主要任务有：

(1) 补。补上该记而没记的内容，使知识系统化。

(2) 正。更正课堂记录不太准确，用词不当，深度不够的地方。

(3) 添。添上个人学习的心得、见解、评价等。

练习

在做完上述的工作后，接下来应该做一些适当的练习了。

练习是通过应用你所学习的知识来加深你对知识的理解，并检查、巩固你已学的知识，它包括书面作业、实际操作等。一般来说，“练”的基本要求是：

(1) 要在理解教材的基础上独立完成，切忌抄袭与照搬；

(2) 要有针对性，针对重点难点练习，因为老师最清楚重点和难点所在，所以应该在老师的指导下完成，切忌题海战术；

(3) 要留心总结解题方法，寻求解题规律，以收到举一反三、触类旁通的效果；

(4) 要知难而进，不要一有问题就马上求助于老师，应力争自己解决，即使请教别人，也应该建立在自己充分思考的基础上，这样才能有深刻印象。

及时纠正，避免重蹈覆辙

一错再错是大错

“大家好，我是新来的张玉老师，以后教你们数学。通过这几天对同学们上学期学习情况的调查，发现我们班很多同学的数学成绩比其他班级落后许多，因此从今天早自习起，要做一些简单的小测验，成绩最差的十位同学，放学留下来打扫卫生，以示惩罚。”

同学们面面相觑，这个老师怎么看起来这么厉害，看来要小心。想到这个学期将会过着提心吊胆的日子，大家的心里都布满了一层阴云。

李建的心情也布满了阴霾，其实他并不是没有学好数学，而是讨厌考试，只要一听到考试两个字，就不由自主地头疼起来。

“那么，现在大家把书和笔记本收拾到抽屉里，准备测验了！”

教室里一阵嘀嘀咕咕的埋怨声，张老师不为所动，仍然催促着大家赶紧收拾，准备考试。

在张老师出的十道题目当中，李建幸运地只答错了两道题，最后10名的同学，真的在放学后留下来做卫生。

李建心中很得意，张老师出的题目也难不到哪里去，看来以后根本不需要担心，回家可以尽情地看足球了。

隔天李建又错了两道题。

“哼！每次都是两道题，如果出了其他题目，可能就全对了呢！”

张老师又开始宣布最后10名要留下来做卫生的同学的名单。

“嘉丽、丹丹、李建……”

“什么？”李建怎么也没有想到，难道其他同学全都考了100分或90分吗？我只错了两道题，应该是80分没错啊！

李建的头脑混乱不已，他再三仔细检查了考卷，非常确定只错了两题。

“如果为了这种事情去问老师，好像有点难为情……”

张老师宣布结束，就离开了教室。李建虽然感到冤枉，最后还是决定留下来打扫，反正就这一次，也没有什么关系。

第三天，李建又在名单之内。

第四天，李建答的十道题中又错了两道题。

“为什么每次碰到这种题目时，就容易出错呢？”李建看着自己的考卷，有点迷惑。

“好，现在要宣布今天负责打扫的名单：‘丹丹、李建……’”张老师说完，又即刻离开了教室。

教室里开始吵闹不休，猛然听到大声喊叫的声音：

“喂！你们全部考了100分啊？”

李建看见丹丹站了起来，气急败坏地大声询问。同学们安静下来，面面相觑，不知道丹丹出了什么事情。

李建刚想过去问问丹丹，这个时候，教室门忽然被打开，原来张老师进来了。

“啊！对了，忘记告诉你们一件事情，如果对我的做法感到不满，现在可以跟着我到办公室来。”

李建从座位上一下子猛然站了起来，和另外几位同学跟着老师到办公室去。

“你们到底有什么不满呢？”老师坐下来，先声夺人地问道。

“老师！今天我只答错了一道题，其他的都答对了，为什么名单里还有我呢？”丹丹问。

丹丹问完后，接着另两个同学也提出为何只答错两道题，还需要负责做卫生的问题。

“这样啊！你们真的不知道为什么吗？”

张老师逐个仔细看着这几个学生，反问道。

“不知道！”几个学生异口同声地回答。

“待会儿回到教室后，检查一下这4天的考卷，你们几个连续4天答错同类型题目。一错再错是大错！这样就算是考了90分或80分，也

是不可原谅的，回去各自好好反省一下吧！”

李建恍然大悟。

张老师又说：“今天回到家里，把答错的题目放在桌前，重复看三次，以后不要再犯同样的错误了，知道吗？”

李建心服口服，回到家后，他把答错的题目写在一张大纸上，张贴在最醒目的地方，希望自己以后不会再犯同样的错误。

检讨是成功之母

有人说，一个病人如果不知道自己到底得的是什么病，即使吃再多的药，也不一定能治得好。而一个学生如果不知道造成自己成绩差的真正原因是什么，那么即使他再怎样用功，也不一定能提高成绩。

千里之堤，溃于蚁穴。出现了小错误，如果不及时检讨改正，就会酿成大错误，那时候，后悔也来不及了。学习也一样，平时有一些错误而忽略不计，那么到了考试的关键时刻，就会吃大亏。

有一位老师发现，在考试中，很多学生遇到以前答错的题目或结构类似的题目时，有重复犯错的倾向。这是为什么呢？

原来大部分学生都只在意分数，而疏忽了答错的问题。

失败后，若不知检讨，就永远不可能有成功的一天，所以，检讨才是成功之母。

在学习中若有答错的题目，应该先分析，检讨错误的原因。即使只答错一次，也必须养成检讨的好习惯，在下次出现同样的题目时，才不会重蹈覆辙。

考卷发下来后，要仔细查看错误的地方，最好准备一个小笔记本，试着重新整理那些错误的或者没有答好的题目，若是能归纳整理出常出错的问题的相关信息的话，效果会更好。这样的话，即使以后遇到其他类似的考题，也不会因一时糊涂而出错了。

最好把已归纳整理好的问题，随身携带，一有空就拿出来看，简单归纳后，贴在书桌前也是不错的方法。

尤其是答错的数学题，应好好坐在桌前，有条不紊地试算至少三次以上，也要培养从各种不同的问题中，找出类似的题目来试算的好习惯。

只有及时纠正那些错误，才能确保你的记忆准确无误。记住，不要让错误重蹈覆辙！

在共同学习中加强记忆

好朋友在一起不只是为了玩

“我要回家了，时间已经很晚了，我爸爸妈妈会着急的！”小雨从座位上站起来，告诉大家。

“喂！这么早就要回去啦？现在正是好玩的时候呢，对吧？”小艳望着其他同学说着。

小雨听了，觉得不好意思一个人先走，于是又坐下来跟大家继续玩。

这天晚上，小雨还是很晚才回到家。一进门，就看见满脸焦急的妈妈。

“你这孩子，都几点了，怎么现在才回家？”

小雨抬头看看闹钟，时间已过九点半了。

“你最近究竟跟谁在一起啊？玩得都忘了时间了，还有心思学习吗？还有，张老师打电话过来，说你两个星期没去补习数学了，这到底是为什么呢？你说啊？”妈妈越说越生气。

那晚小雨无法入睡，除了因为被妈妈骂之外，还有小艳的问题困扰着她。

小艳和她是从小一起长大的好朋友，她很看重这个朋友，就是因为这样，每当小艳想要多玩时，小雨就算要去补课，还是选择留下来陪她玩。

这时姥姥推门进来：“还开着灯呢，睡不着觉是吧？有什么烦恼吗？”

小雨坐起来，一五一十地道出详情，姥姥也静静地聆听小雨描述事情的经过。

“朋友当然很重要，但是如果让自己

的生活陷入一团糟，即使朋友再多也无济于事吧？再说了，朋友在一起并不只是为了玩啊！”

听完姥姥的话，小雨反复思索，觉得其实很有道理的，但心里仍然挣扎着明天小艳再相约时，是否该拒绝她。

隔天下课后，果然像往常一样，小艳把小雨叫住。

“小雨，今天我们去逛街吧！”说着，便拉着小雨的手准备出发。

“小艳，恐怕我不能陪你去了！”小雨突然大胆地拒绝。

小艳听到后非常震惊：“为什么不行呢？”

“我得去补习数学，已经缺席好几次了，所以今天一定要去，而且太晚回家也会被妈妈责骂。还有，我想应该好好安排我自己的生活了。”

小艳把小雨的手使劲一甩，气冲冲地说：“原来这样啊？你的意思是不想把时间浪费在朋友身上，是吧？”

小艳说的话很伤人，但小雨毅然决定不再退缩。

“如果我们是真正的好朋友，应该互相鼓励共同进步，这样不考虑后果一直玩下去是不会有任何进步的，不是吗？”

小艳说：“是吗？是你根本不屑与我这种一天到晚只会玩的人交朋友吧！好，以后再不用跟我说话了，听见了吗？”

小艳就这样讲了一堆伤人的话后，怒气冲冲地走了。

小雨眼泪都快要流出来了，在补课的时候，只觉得心里烦躁不安。

明天找小艳好好谈谈，我不能失去这个朋友。小雨以这样的想法安慰自己。

第二天放学的时候，小艳不理小雨，背着书包匆匆往外走。

小雨赶紧追了上去：“小艳！要不要到我家来一起读书啊？”

听到这话的小艳，大吃一惊，站住了。

“不要一味地只顾着玩，我们一起读书不是更有意义吗？仔细想想看吧，我们既可以一起读书，也可以一起玩啊！”

但小艳还是摆着冷酷的表情。

“小艳，你看马上就要考试了，你的数学比我好，我们在一起复习的话，我还可以向你请教呢！”

"你的英语比我好，我有好些语法不理解。"

"别着急，我可以给你讲的。"

"真的？"小艳抬头看着小雨，脸上不再有生气的表情。

"这么说，你答应去我家一起学习了？"小雨高兴地挽住小艳的胳膊。

小艳点点头，不好意思地说："对不起，我昨天说话不好听。"

小雨笑了起来："什么对不起，谁叫我们是好朋友呢？走吧！"

三人行，必有我师

跟一群要好的朋友在一起，是一件有趣的事情。但是，如果在一起的时候就知道玩乐，而把学习抛在脑后，那就不好了。

因此，朋友在一起的时候，可以试着营造读书的好气氛，玩乐时，尽情享受玩乐；读书时，就收心全力投入，如果最后还能形成一股势力，组成读书会的话，生活将会精彩无比。

我国著名的思想家孔子曾说过"三人行，必有我师"、"独学无友，则孤陋而寡闻"。所以，如果能在学习过程中经常与同学和朋友交流合作，对于你的学习将会有很大的帮助。而且随着社会的发展，现在的人们越来越强调合作的重要性，我们一个人不可能掌握全部的知识，只有通过合作才能互通有无。

具体说来，在学习中跟同学合作、交流可以对你有以下帮助：

第一，跟其他同学讨论你在学习上遇到的问题，往往能帮助你纠正一些错误的看法，也常可为你尚未解决的难题提供解决的线索；

第二，向其他同学讲述你对学习或某些知识的理解，有助于你理清思路；

第三，同学们之间相互讨论、彼此鼓励，还能增强你学习的动力，增进彼此之间的友谊，共同学习、共同提高，从这个意义上说，同伴也是你的老师。

但是，我们很多人并没有充分发挥自己身边的"小老师"的作用，同学们之间相互讨论、共同学习的气氛还不是很浓。许多同学如果偶尔去问另一个同学的作业，被拒绝后，他下次不会再有勇气向这位同学请教，甚至不再向其他同学请教。他会把这个小挫折看成是很大的事情，对拒绝自己的同学暗结怨气。

共同学习的四种方式

好朋友在一起的时候，为了调动学习气氛，提高学习效率，可以利用以下几种方式：

第一，讨论难题。

一个人自学，难点疑点一时不容易弄明白，往往难以打开思路。如果几个同学在一起，相互讨论，各抒己见，就会容易求得满意的解答。法国有两位著名的科学家普鲁斯特和贝索勒，为了证明化学上的“定比定律”，他们激烈地争论了9年，最后普鲁斯特解决了这个难题，但他把一半的功劳归功于贝索勒。他说是由于贝索勒提出的种种质疑，才激发了他的智能，使他更加深入地研究这个问题。加里宁曾告诫年轻人说：“当你独自阅览时，你们只了解到一面，即便了解了三面，还没有了解到第四面。当你终于把四面都了解了，哪知这东西不是一个平方体，而是一个正方体，总共有六面。所以同别人一起讨论，便能把思想磨砺深刻，能使它丰富起来。”

第二，上台讲课。

如果几个人一起，一个人像老师一样上“讲台”，“讲授”学习内容，其他同学边检查边补充，这样就能有效而全面地掌握学习内容。因为听过或读过一次，一个月之后就可能忘记，如果教人一遍，便终生难忘。

第三，对答记忆。

在学习过程中，你可以通过自己反复听、反复读、反复写等方法进行记忆，但一个人单独记忆时不免会感到枯燥，容易抑制思维。一种好的记忆方法是，几个同学一起记忆，彼此提问，互相回答，一个人回答不出来，其他人可以提示，而且几个同学之间还带有暗暗的竞争，这样就能刺激你的思维，提高记忆效果。

第四，趣味化学习。

在某种意义上，学习确实是一种艰苦的工作，它要求你付出很大的努力，然而我们可以想一些办法，使学习变得轻松些，有趣一点，减轻学习给我们带来的心理负荷。几个同学在一起，开展读书会、讨论会，进行数学游戏，诗歌对答，表演外语口语戏剧等，不但非常有趣，而且可以加深我们对知识的理解和掌握。

利用每一分钟的时间去记忆

善用零散时间

明明是一个学习非常好的学生。但是很多同学对他的一些习惯觉得古怪，比如，为什么这么会读书的明明，到了课间休息，就一定会打瞌睡呢？不信，你看，他很悠闲地靠在椅子上，闭着眼睛，好像四周的吵闹声，对他毫无影响似的。

或许是他昨晚太努力用功甚至熬夜的缘故吧！

真是令人百思不得其解。

那天，终于有一个同学悄悄走到闭着眼睛的明明面前。

明明突然张开了双眼。

“哈哈，你没有睡觉吗？那你刚才在做什么啊？是不是在做白日梦啊？”

“哪里有睡什么觉，在这么宝贵的时间里……”

明明笑了一下，又闭上眼睛。

“真是的，明明，那你到底在做什么？说出来让大家听听啊！”

“好，那你也静静地坐在你的座位上，像我一样闭着眼睛，聚精会神，脑中就会慢慢浮现刚才老师的讲课内容。我们的记忆如果没有反复练习的话，很快就会遗忘，所以最好是在刚上完课时趁热打铁，立即复习功课。”

“哦，那你一直以来，都是在利用课间短短的几分钟时间来复习吗？”

“是的！”明明说完又闭上眼睛好像所有的事情都跟他没有关系了。

围观的同学们若有所思，难道这就是明明的学习秘诀——充分利用每一分钟零碎的时间，进行及时的复习？

后来，明明在大家的一再请求下，终于对他的零碎时间原则作了一番详细介绍。

他说：“大家想想，其实在一天当中，有很多时间被我们忽视，很可惜地浪费掉了。比如，早上醒了又不想起床，只好在被窝里翻来覆去；等车的时候，只是呆呆地站着……”

“那么，在10分钟的时间里，又能做什么呢？”有一个同学问道。

明明笑了笑，继续说：“想知道到底如何在10分钟的休息时间之内，做好许多事情吗？首先，静静地闭着眼睛，头脑里稍微复习一下上堂课所学过的重点，大概5分钟就足够了，另外剩下的5分钟，就翻阅下一堂课将要学的主题，只要预习一下大标题、小标题，还有图案和表格就可以了。如果能有效培养这种习惯，会省下很多在家里预习和复习的时间。”

“除此之外，在入睡前，稍微背一下，就能有效预防看完电视或玩完后，忘掉曾做过的功课内容。当然，要培养这种习惯并不容易，但这毕竟是与自己约定的事。如果一个人能遵守与自己的约定，必定是有超强的意志力，也绝对不会轻易浪费零碎时间。”

听完明明的介绍，大家纷纷鼓掌，也开始思考自己如何去利用那些零碎的时间。

有意义地度过每一分钟

关于时间，著名作家伏尔泰在他的小说《查弟格》中有一段经典的话："最长的莫过于时间，因为它无穷无尽；最短的也莫过于时间，因为他们所有的计划都来不及完成；在等待的人看来，时间是最慢的，在玩乐的人看来，时间是最快的；它可以无穷地扩展，也可以无限地分割；当时谁都不加重视，过后都表示惋惜；没有它，什么事都做不成。"

时间如此宝贵，又如此易逝，所以，我们既要珍惜时间，也要学会合理地去安排时间，两者都不可轻视，才可能事半功倍。凡是事业上有所成就的人，无一不是利用时间的能手。

在我们的学习和生活中，有许多零碎时间往往因不被人珍惜而流逝、浪费。比如，电影开幕前的几分钟、等电梯的时候、排队等候公车的时候、坐车回家的路上……这些看似不起眼的零碎时间，如果把它们累积起来好好利用的话，肯定会有很大的收获。

古往今来，一切有成就的学问家都是善于利用零碎时间的。东汉学者董遇，幼时双亲去世，但他好学不倦，利用一切可以利用的时间。他曾经说："我是利用'三余'来学习的。""三余"，即"冬者岁之余，夜者日之余，阴雨者晴之余"。也就是说在冬闲、晚上、阴雨天不能外出劳作的时候，他都用来学习，这样日积月累，终有所成。

知道零碎时间的宝贵之后，我们可以把自己每天的活动时间都记录下来，并从中发现，哪些是被你浪费掉的零碎时间。

从现在开始，一定要积极地利用那些零碎时间。如果你每天都要坐30分钟左右的公交车去上学，就可以坚持在路上听英语，日积月累，你的英语听力肯定会大有长进。

或者，你走在上学或放学的路上，每次只需记住两三个英语单词、一首小诗或一个公式定理，一个学期下来，回首往事，你会为自己所取得的收获而惊讶。

另外，你在利用这些零碎时间的时候，要有一种积极的心态，不要想"只有5分钟了，什么也干不成"，而是要想"还有五分钟，要充分利用它"。

发明家爱迪生在79岁的时候，曾经对朋友说他已经是135岁的老人了，因为他经常一天干两天的工作。当然，这并不是说我们要将一切的余暇时间都用来学习，休息、娱乐也应该成为充分利用时间的一部分。

该学习的时候就专心学习，在该娱乐的时候就尽情地玩，抓住一切可利用的零碎时间，有意义地度过每一分钟，这是提高学习效率的秘诀之一。

找出适合你的学习时间

有的人白天精神好，回到家马上变成泄了气的皮球，不管三七二十一，先爬上床大睡一觉再说。有的人习惯三更半夜不睡觉，晚上躲在被窝里听音乐，有人在中学时就有这样的习惯，这类人是名副其实的夜猫子，愈晚愈精神振奋，白天的时候反倒像只病猫，这种生理时钟与一般人相反的情形十分常见。其实大部分人的生活习惯都是相似的，一般是晚上十一二点就寝，白天六七点起床的。

然而一天之中，一定也有精神特别好与精神特别差的时段，同样用功一小时，如果精神足，效果就很好；如果精神委靡，效率就会大减。经常保持充满干劲的状态，读起书来当然令人称心如意；但问题就在于谁都有精神状态的好坏。一天当中，最有精神的时间，因人而不同，有时差别之大，犹如事情的两个极端。这大多与个人的生理时钟有很大的关系，我们必须依照该生理时钟安排最适合自己、效率最高的时段来进行阅读。

另外，学习效率高的人都有一个共同的特点，那就是他们都懂得合理地分配与利用时间，劳逸结合，不迷信长时间的学习，也不把大量的学习时间浪费在娱乐上。对学习的时间管理上，要懂得统筹运用，使时间得到最大限度的利用，从而得到较高的学习效率。

一个人一天究竟学习多长时间效率最高，这就是我们要掌握的学习时间的最佳点。这个最佳点，实质上就是时间、效果与疲劳之间的转折点。它是一个变数，因人而异；因学习内容、类型的不同而有别。在学习过程中，当你感到疲劳的时候一般说就是从“最佳点”开始转折的时候，这种信号将告诉你应当立即变换花样去干另外一件事，使脑子得到休息，使时间不至于“低耗”。

日本在刚铺设铁路的时候，制定火车时刻表的人，是一位叫贝兹的英国技师。当时的日本人怎么也想不明白列车如何才能互相错过，如何使它互相避开的道理。贝兹先生躲在专用办公室里面，一个人从事着他的工作，不对任何人说出这其中的秘诀，所以大家还以为他用的是什么高超的“魔术”呢！

后来，一个偶然的机会使铁路局领悟到其中的奥秘，那是叫作“时刻序列”的玩意，是以距离为纵轴，时间为横轴，将火车的动态以线条来表示。而贝兹正是找到了一个恰当的时间点，使火车可以互相避开。

一旦找准个人学习的最佳时间点，那么经过长期合理的使用便可以形成习惯的节奏和规律。比如，一日之中几点钟干什么，接下来又干什么，有条不紊。时间长了便自成一种用时节律。在这个规则的时间节律中，头脑最清醒的时间无疑要用来背诵、记忆、创造；其他时间可用来阅读、浏览、整理资料、观察和实验。合理地安排时间，将会提高你的学习效率。

有效利用清醒着的时间

如果你不能够缩短睡眠时间的话，所剩下的时间就和别人一样了。假使想在同样的时间内得到更多的成果，尽量有效运用清醒着的时间就变成绝对必要的了。事实上，将每天的努力集中在这段时间的人，比缩短睡眠更有效果。

如何利用学习与休息时间，如何分配这些时间，这对在学校里学习的中学生而言是一件很难的事情。

在不用功的学生多的班级，如果想在上课的空当读书，就会有朋友的干扰介入。几乎所有的人，都有一种想要超过别人的感觉，当看到他人在努力学习时，他们就会由于嫉妒产生想要去影响别人的学习的思想，我们一定要对这种心理有所防备才行。所以，可能会遭到像“喂！分秒必争的好学生，你要考哪里呀？”之类的嘲笑，一定要有和这种嘲弄做精神上的抗争的准备。不过假如抱着即使别人嘲笑也无所谓的傻劲，连续奋斗一个月，周围的人的感受或许会有所变化。不久，其他人可能产生“那个家伙正在拼，我也不能再迷迷糊糊了”的心理，于是就会有一个接一个的人模仿你，以你为目标，用功的人就会增多了。如果能凑两个或三个人，就可以组成一个读书学习小组。不要想是别人在影响你，而是你在影响别人。

假使周围环境中不利于学习阅读的因素很多，也可以再想一个妥协方案出来。尽量不要给周围的人太大的刺激，例如：翻开教科书，或者先将习题之中已经知道了答案，只要再写一点上去就做好了的地方留下，如果人家问起就说："习题还没做完"或"我担心上课时被老师叫起来问，所以准备一下"，将这些部分很快地做完之后，继续假装好像还在做的样子，阅读那些前后的部分。假设到考试前还有时间，就可以念一些虽然对考试没有直接的用处，但是间接会有帮助的文学作品和其他的书。不管环境到底怎样总是能够想出办法来克服的。

总之，闲聊是时间的损失。纵使被称为"书呆子"也无所谓，该读书的时候还是要读。要深信人有一技之长是最重要的，如果现在除了读书没有其他的事可以做的话，那么就读书吧，以读书来使自己成为优秀的人才是最好的生活方式。

珍惜极短暂的时间来用功读书的人绝不是"书呆子"或"斤斤计较分数的人"。所谓"书呆子"或"斤斤计较分数"，与其针对努力用功读书的人而言，不如说是指一味地看重分数的人！一面偷看别人的分数，一面死命遮住自己的答案纸的上端，不让人家看到分数，这是卑鄙的行为。努力用功读书，分数一定会提高的，不要只把眼光局限于分数，那才是一种了不起的读书态度。

那么，是不是说不用功的人就不计较分数了呢？

不是这样。把考卷折起来不让人家看到分数的人中不用功的人却较多。因此，最好不要把人家的批评放在心上。应该现在开始就把闲聊的时间用来努力读书，比如放学回家之后到开始读书为止的时间、晚饭后的聊天时间、看电视的时间，只要留意有效地运用这些时间，一天大概就能多出两个小时左右的时间。除此之外，还有另一个增加时间的方法。一般来说，在看了一小时的书后，要有10分钟或15分钟的休息，这是一般的常识，因为如果同一种东西读了一个小时以上，效率就会降低。因此，为了要消除疲劳非得休息不可。但是只要体力够，就不需要这样的休息。不过，要更换阅读的科目。凭借变换阅读科目，也可以当作一种休息。利用这种方法可以加强读书的密度。

例如，假定用一个小时学习数学，时间到了以后不要休息，继续把公式或定理抄在卡片上，这个约做15分钟。这段时间，手虽然在动，但是头脑在休息。写了15分钟的学习卡片后就停止，然后再去记忆一些英文单词。以这种方式轮流交替，不要停止，这样一方面可以使疲倦的部位得到休息，一方面可以启动其他的部位。每一个科目或不同的内容，运用到的身体部位也有所差异。如果能够高明地调整这些差异，就可以不需要休息。若是一直坐着，身体会累的话，那么可以在房间里来回走动，或躺下来一面看笔记，一面念出声来背诵。眼睛疲倦的时候，可以用比较大一点的字体。因此，没有必要说累了就要休息，而是应该考虑让身体疲劳的部位休息，使用另外的部位。

这个方法对面临中考与高考的中学生特别有益。按照这种方法去做，可以逐渐增强注意力，能够更专注于书本。而且能够形成另一种有利的个性，就是能够从一件事很快转移到另一件事上面。换句话说，就是能够让脑部的运作快速转换。

第六章 各门学科的记忆要领

记忆语文的轻松诀窍

古诗学习法

在中学阶段的语文学科里，对古诗的学习是很重要的，这里介绍几种记忆古诗的方法：

第一，分层理解法。

要记一首诗，先要弄懂它的含义。比如，根据叙事、写景、抒情的几个层次，归纳一下，了解全诗的大意，再反复读，印象就深了。

第二，抓领头字句法。

背诵中常有这种情况，明明一些背得很熟的诗，往往在中间卡住。这时，如果有人提示一下某段的领头句或某句的领头字，就能很快地接下来。这说明"领头句"、"领头字"，有诱发思维、帮助记忆的作用。

第三，再现形象法。

好诗一般都有鲜明生动的形象。经常在头脑中再现诗的意境和画面，背诵时就会流畅自如。

第四，定时快读法。

给自己限定时间，限定数量，如5分钟背出八行诗。读时逐步加快速度，先稍快，再加快。要做到快而不乱，快而不错。这就迫使自己的精神高度集中，使记忆信息迅速输入大脑，获得强烈印象，达到快速记忆的目的。

第五，接力训练法。

为了培养兴趣，增强效果，在背诵古诗时，可邀几个同学一起进行接力背诵。经常进行这类活动，也能巩固记忆。

文言文的阅读和记忆

文言文在我们的课本中经常出现，而且占的比重还不小。很多同学一拿到文言文就很陌生，不知所云，导致我们文言文的阅读能力下降。为此，在这里为大家总结了文言文五步阅读法。这五步依次是：

第一，预读。其主要目标是：读准字音，准确停顿，把握节奏；了解有关作家作品常识；从整体上大体把握文章的基本内容。具体做法是：1.查阅工具书，结合注释给生字生词注音；2.清楚准确地朗读课文；3.结合课文注释和语文工具书，了解有关作家作品常识；4.结合预习提示或自读提示从整体上了解课文；5.通过解题和通读全文把握文章的基本内容和文体特征。

第二，抄读。其主要目标是：熟悉课文，自学存疑，明确学习的重点和难点。具体做法是：1.勾画并抄写课文中的生字生词、名言警句；2.勾画并抄写课文中的疑难句；3.记录在阅读课文时产生的疑难问题；4.阅读并摘抄（或做提要、目录）与课文相关的辅助材料；5.结合单元学习的提要、课文预习提示、思考和练习确定学习的重点和难点。

第三，解读。其主要目标是：通过语言分析，具体地感知课文内容，把握文章表现出来的作者的观点、态度或思想倾向。具体做法是：1.结合语境，从句子结构和上下文去深入理解疑难词语和句子的含义；2.利用古汉语常识具体分析文中特殊的语言现象，准确地把握文章；3.翻译（可以是口头的也可以是书面的）课文或课文片段，以求深入地从整体上把握文章；4.课堂专题讨论，落实重点难点，分析解答课后“思考和练习”中的语言训练题；5.指导学生查阅文献资料，就重要的实词、虚词和语法撰写语言小论文，以巩固所学知识，

强化能力训练。

第四，品读。其主要目标是：就思想内容、章法结构、表现手法、语言艺术、艺术风格等方面对文章进行文学和美学的鉴赏性阅读及评价。具体做法是：1.从文体特征出发，总体上把握文章作为一种“类型”的基本特征；2.比较阅读，从内容和形式方面对文章的具体特征和作者的艺术个性进行分析；3.课堂专题讨论，研究重难点，并分析解答课后“思考和练习”中的有关文章分析和鉴赏的练习；4.利用辅助阅读材料，把文章放在具体时代和历史发展中去进行宏观的分析，运用辩证的观点和历史的观点对课文进行客观的评价；5.指导学生写作文艺评论，以加深对课文的审美理解，从而培养其艺术鉴赏和艺术创造能力。

第五，诵读。其主要目标是：加深理解，强化记忆，丰富语言，积累材料，训练语感，培养素质。具体做法是：①在理解的基础上，反复朗读，力求熟读成诵；②朗读品味，背诵名篇、名段和名句，准确记忆；③扩展阅读，研读与文章相关的材料，扩大知识面，以求更为全面深刻地理解课文；④整理学习笔记，编写学习小结，以突出重点难点；⑤写读后感或思想评论，以求陶冶情操。

运用这种五步阅读法记忆文言文的时候，必须注意以下几点：

(1) 要充分调动主观能动性。如果不激发学生的学习兴趣。学生没有主动性、积极性，这一科学的方法也毫无价值。

(2) 要因材施教。不同的课文，难易程度不同，也有不同的“特点”，在运用五步阅读法时不必篇篇相同，步步到位，而是要灵活运用，力求行之有效。

(3) 应以解读和品读为重点，同时也要因人而异，因文而异，各有侧重，教师点拨启发和示范解剖时，可将解读和品读结合起来，但必须明确分析基本思路和策略，把握理解品析的主要层次和角度。

读默连写法

除了上边介绍的方法外，另外还有一种很实用的语文记忆方法，即读默连写法。在查阅字典了解文章的内容后，默读或朗诵数遍后铺纸默写，默不出的地方则用自己的话续上，完成后默读一两遍，或增或删，把文句疏通，再查对原文，比较优劣，最后修改誊清。这就是读默连写法。

比如一个同学要记忆这样一段散文：

“是的，教师的确像是一片叶子，她本身并不美，既没有芳草那样翠绿迷人，也不像鲜花那样绚烂夺目，她的外表是那么普通、那么平凡，春初鹅黄嫩绿，深秋苍青老翠，然而她的内心却藏着美的灵魂。她一味默默地生长，毫不吝惜地将自己的绿意滋润着鲜花和躯干，精心衬托着、护卫着花蕾，像保姆一样尽其一生。她从不图赞扬，不慕荣誉，即便憔悴欲朽，脉络间依然存着绿的希望，化成春泥护花也无怨。她这种鞠躬尽瘁，死而后已的彻底献身精神，是何等高尚啊，她终于赢得了人们的口碑。”

在认真诵读几遍后，他便开始动手默写，不连贯的地方再用自己的语言疏通，于是就成了这样一段短文：

“是的，教师像是一片绿叶，实在是普通极了，她的外表是那么朴素无华，然而她的内心却蕴藏着美的灵魂，总是悄无声息地通过光合作用给花蕾和枝干提供养料，精心护卫着鲜花，把她们衬托得更加婀娜多姿，她是鲜花的保姆，但从不炫耀自己；她对大自然只有无私的奉献，从未想到索取；她鞠躬尽瘁，即使枯黄摇落，化作春泥护花也毫无怨言。这是怎样一种忘我的精神啊，言语无法形容她的神圣，所有受到她无私滋润的人们都感谢她的盛意，她应该得到整个社会的敬仰。”

这样记忆的话就已经不是单纯的死记硬背，也不是机械地模仿，在这里面已融进了他的一份感情，他的思维细胞被调动起来，受到了一次锻炼。

数学高分的记忆窍门

对概念的记忆

在数学学习中，数学概念的学习毫无疑问是重中之重，概念不清，一切无从谈起。然而，这个重点却恰恰又是一个难点。因为不少人抽象思维差，对干巴巴的数学概念是怎么也学不好。为此在这里为大家介绍一些有效的数学概念学习法。具体说，有以下六种方法：

第一，温故法。国外著名的教育心理学家皮亚杰·奥苏伯尔在概念学习理论方面都认为它是在已有的认知结构的基础上进行的。因此，学习新概念前，如果能对认知结构中原有的适当概念做一些结构上的变化来引进新概念，则有利于促进新概念的形成。例如，学习“三角形的认识”时，一开始，可在绒布上用硬纸条折成几个角，想想这些分别叫什么角？

然后进一步想：像这样的图形叫什么？回答正确后就从复习角的知识进入新课学习，使一开始就感受到三角形与角的联系与区别，其印象既显得简明，又显得清晰、深刻。

第二，操作法。对有些概念的学习，可以从感性材料出发，在操作中去发现概念的发生和发展过程。例如，要掌握环形面积的计算，关键是要认识圆环。那么，就先拿出课前各自剪的，半径是5厘米的圆形纸，并计算其圆的面积。接着，以这个圆的圆心在这张纸上再画不同的圆，按4个小组，分别画出一个半径是4厘米、3厘米、2厘米、1厘米的圆，并要求计算出新画圆的面积。然后想想：要在这个大圆里剪掉同心的一个内圆，应该怎样剪？圆是轴对称图形，可以先对折再剪。剪掉后所剩下的部分是什么图形？再联系老师课上讲的内容就很容易想到圆环和它的面积了。看，这样是不是简单多了！

第三，类比法。如学习“一个数乘以分数意义”时，就可拿整数乘法意义来类比，先从下面两个问题开始：

1.“15×3”和“15×4”的意义是什么？

2.$15\times\frac{1}{3}$、$15\times\frac{2}{3}$与15×2、15×3的意义相同吗？

从而导入新概念。这种方法有利于分析两者异同，归纳出新内容的有关知识；有利于帮助我们架起新、旧知识的桥梁，促进知识迁移，提高探索能力。

第四，喻理法。为正确理解某一概念，以实例或生活中的趣事、典故为比喻，引出新概念，例如，学习“用字母表示数”时，先出示两句话：阿Q和小D在看《W的悲剧》；我在A市S街上遇见一位朋友。

问：这两个句子中的字母各表示什么？再出示扑克牌“红桃A”，在这里要回答的“A”表示什么？最后出示等式0.5×X＝3.5；擦去等号及3.5，变成“0.5×X”后问：两道式子里的“X”各表示什么？在这里，进行小结：字母可表示人名、地名和数；一个字母可以表示一个数，也可以表示任何数。这样，枯燥的概念变得生动、有趣，不知不觉中懂得了“字母可以用来表示数”这个基本的数学概念。

第五，置疑法。这种方法是通常由老师通过揭示教学自身的矛盾来引入概念，以突出引进新概念的必要性和合理性，调动我们了解新概念的强烈动机和愿望。例如，学习“通分”时，老师会先让我们回答下面每组中两个分数的大小。

(1)$\frac{3}{4}$和$\frac{2}{5}$ (2)$\frac{5}{6}$和$\frac{5}{7}$ (3)$\frac{3}{5}$和$\frac{2}{5}$ (4)$\frac{7}{11}$和$\frac{7}{14}$ (5)$\frac{4}{5}$和$\frac{5}{6}$

显然，(1)～(4)题我们能很快回答，第(5)题到底怎么回答？暂时有点困惑，有些人急于求教老师，此时老师就抓住时机让我们大胆讨论；到底怎样才能比较第（5）题的大小？投石激浪，大家讨论可用画图比较大小、化成同分母比较大小，化成同分子比较大小、化成小数比较大小等，进而分析比较，哪一种方法比较简便。最后小结：

把$\frac{4}{5}$和$\frac{5}{6}$分别化成$\frac{24}{30}$和$\frac{25}{30}$的过程。

两先两后法

所谓“两先两后”，是指先预习后听课，先复习后做作业。这一

看似简单的学习方法却能产生令人意想不到的效果。

“两先两后”的具体做法是：

第一，先预习后听课。在中学阶段，随着知识难度的增加，不事先预习，上课就会感到有些吃力，往往会听不懂或似懂非懂。但通过预习后，情况就不一样了。所以，首先要把明天要上的数学课本初步阅读一下，了解下节课老师要讲的基本内容和思路，再看看例题，然后取出自备的预习本，不看答案自己独立地做例题，再与书上的答案对一下。如果与书上的答案和式子不符，就应对照书本搞清楚自己错在哪里，以保证下次不再重犯。如果搞不清楚的，就应马上抄录在预习本上，以便于上课时提问。这对知识的吸收和消化，可以起到促进的作用，养成“不动笔墨不看书”的好习惯，可以“提醒注意”，使所学的知识印象更深刻。

通过预习，对老师讲课的内容就有所了解，可以提高上课的积极性，并且提高了思维能力和记忆能力，同时对自身的自学能力也有了一定的提高。

第二，先复习后做作业。首先把老师每节课堂上所讲的知识的主要内容像放电影一样回忆一遍，使自己对所学的知识有一个初步的印象。回忆不起来的地方可看看例题和笔记，对所学的新课进行一番“消化”。这样在解答问题时就能做到“胸有成竹”了，使作业的错误减少，效率提高。

接着，就要认真独立地做题目。每次练习都要仔细地分析，积极地思考，就当是测验一样认真对待，对于一些没有把握的题目，就要马上再次翻书，直至做对为止。不能敷衍了事写个答案交差。做完作业要认真检查，直到很有把握才算完成。

轻松记忆英语的魔法

轻松记忆英语的魔法

学好英语，首先要记忆单词、理解语法。这里列出几个非常有效的记忆方法，一定会对你的学习有帮助。

第一，卡片记忆法

卡片记忆法是一种应用极其广泛、简易方便的方法。卡片大小、形状、规格、目标均可自定。卡片可经常积累，经常翻阅，经常分类，将大大提高记忆的程度。

我们可以把单词例子制成体积小、携带方便的卡片，经常查阅记忆。也可有针对性地把一些带有特殊规律的单词编入卡片。还可把一些特别易错的地方，找到典型例子，编成矫正卡。如：

编号：007

矫正目标：in，on，to作为方位介词时的区分。

典型错误： Fujian province is in the north of Guangdong Province.

矫正说明：in 在……内，在某界限之内。

on 在……上，与某界限相接。

to 在……方，指向……方。

第二，读音记忆法

读音记忆主要是通过对26个字母的读音规则加以分析归类，再掌握一些典型字母组合的读音规则，并找出音与形的一致关系。

例如：通过go，home，no等词，了解元音字母o在重读闭音节中读[əu]，冉看到joke，photo时，自然就能读得出和写得出。当看到shone时，可能会根据上述规则读成 [əu]，一旦你发现它的读音是[ɔ]时，就会对它特别留意，记忆也尤其深刻。当学old一词时，按原规律它应当读成[əu]。如果你留神的话，会发现ol读成 [ɔl] 是另一个规则。像这样

不符合重读闭音节读音规则的还有cold、told、hold、gold等。另外son不读[sen]，而读[sʌn]，come不读[koum]，而读[kʌm]，这是另一分支的读音规则，类似的有won，become，done，love，mother，colour等词。这样不断积累、不断辨别，久而久之，就牢固掌握了元音字母o的各种读音规则，并且自然而然地把读音与拼写，即把音与形有机地联系起来了。

第三，语境记忆法

语境记忆或称图表句型记忆法，即把最常用的句子用情景、句式加以固定，然后把大量的同类单词放入，朗朗上口，应对自如。

例如：

What is she doing?

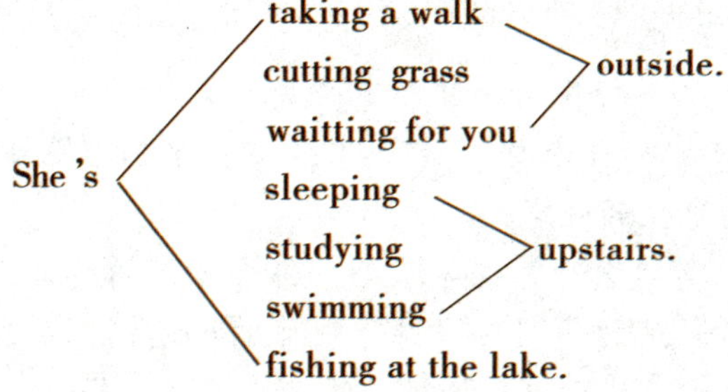

第四，搭配记忆法

英语中有大量的以名词、副词、介词、动词等为中心构成的短语或固定词组，它们往往难以从字面意义的简单总和来判定其意义，为此，学习时必须加以归类对比，弄清它们真正的含义。现以常用的动词call构成的搭配词组为例：

call

1. call at some place 访问，拜访
2. call for help 呼救
3. call for sb. 接走某人，去接某人
4. call in a doctor 请一位医生
5. call on / upon 号召
6. call on sb. 拜访某人

第五，图表记忆法

图表记忆是通过视觉刺激记忆，我们在看到形象生动的标志时便可加深记忆印象。

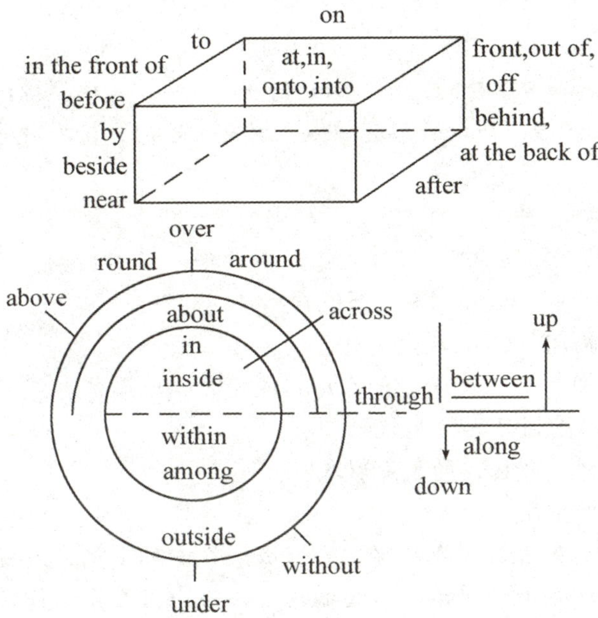

第六，分类记忆法

分类记忆方法多种多样，如按词义、词性、拼读规则分类等。现主要介绍两种划分归类。

（1）词性归类可由粗到细，把单词按名词、动词、介词等词类分开。还可进一步细分，如将动词分为及物动词和不及物动词及短语动词。

（2）词义划分即可按领域、部门、职务、种类、项目等加以分类。如把学习科目划为一类：politics政治，chinese汉语，maths数学，english英语。也可按照交通工具、职务名称、家庭成员等划分。

第七，相关记忆法

相关记忆是指要注意语音相关、词形相关的一些词和词语的记忆和使用，从而发挥联想作用，实现举一反三、触类旁通。

（1）语音相关即指音同形异词。如：

1.[bai] buy 买 by 旁边

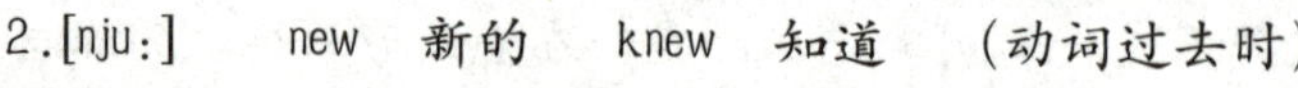
2.[nju:]　new　新的　knew　知道　（动词过去时）

（2）词形相关。其中包括：

a．同形异义词

1.ball	2.light	3.well	4.bank
球/舞会	灯/轻的	很好/井	河岸/银行

b．相似词语，即词语形态相似，但意义不同，使用时非常易混、易错。如：

1.at times　时而　　at a time　一度

2.behind time　误时　　behind the times　不合时尚

3.long before　很久以前　　before long　不久

第八，构词记忆法

利用构词法记忆单词，可以记忆成串，以一带十，同时更便于辨别词性，在造句时不易产生错误。

下面介绍三种构词的主要形式：

（1）派生法

有的单词加上前缀或后缀，会形成一个新的单词，只要牢牢记住词根，再记准要加的前缀、后缀的意思，一个或几个新词便记住了。如：形容词happy，“幸福的”，为词根，加前缀un就是其反义词unhappy、不幸的；加后缀ly，就是其副词形式happily，幸福地；加后缀ness，就是其名词形式happiness，幸福。

（2）合成法

两个或更多的词合在一起组成一个合成词，该合成词的意思可根据构成它的几个词的意思推想出来，因此积累、整理出一些合成法则，对阅读、理解、翻译和记忆单词均大为有益。例如：

1.名词＋名词：class班＋room房间－classroom教室；

2.形容词＋名词＋ed：warm 温暖的 ＋ heart 心脏 ＋ ed － warm － hearted 热心肠的；

3.数词＋名词＋形容词：sixteen＋year＋old－sixteen－yearold 16岁的；

4.形容词＋现在分词：good＋looking－good－looking　好看的；

5.名词＋过去分词：snow＋covered－snow－covered　被雪覆盖的。

（3）转化法

有些单词，词形不变，词性却可由一种转化为另一种。如：empty adj. 空的，empty vt. 倒空，face n. 脸，face vt. 对面。

以上这些词即使词性发生了转化，读音并不变；可另有一些词，词形虽不变，读音却有变化，往往是清、浊音有变化或重音位置产生移动。

1. use [jus] n. 使用，需要

use [juz] vt. 用，利用

2. export [′ekspɔ:t] n. 出口（货）

export [eks′pɔ:t] vt. 出口

第九，对比记忆法

对比记忆是把反义词或词组放在一起，进行对比记忆。意思相反的词或词组放在一起，会形成鲜明的对照，对大脑输入的刺激信号强于一般的信号，从而能强化记忆。

日常英语中反义词的应用相当广泛，如形容体形的高 tall、矮 short、胖fat、瘦thin；说明方位的东east、西west、南south、北north；评比判断的优good、劣bad、正right、误wrong；表示时间的早early、晚late、先first、后last；反映情绪的喜pleased、怒angry、哀sad、乐glad；而运用反义词讲出的句子更是生动活泼，色彩鲜明，富于感染力。如：Though death befalls all men alike it may be weighter than mountain Taishan or lighter than a feather. 人固有一死，或重于泰山或轻于鸿毛。Her lectures always proceed from the close to the distant and from the elementary to the profound. 她讲话总是由近及远，由浅入深。Don't covet a little and lose a lot. 不要贪小失大。The enemy outwardly strong, but inwardly weak. 敌人外强中干。

第十，同类记忆法

把同义词、近义词或词组逐一归类，称之为同类记忆法。如：hat, cap n. 帽子；rest, break n. 休息；attend, join v. 参加；require, need v. 需要；ill, sick adj. 患病的；clever, bright adj. 聪明的；ago, before adv. 以前；also, too, either adv 也；every, each pron. 每个；all, whole pron. 全部。

这样归类单词的好处是：

1.提高复现率，能常忆起已学过的单词；

2.提高学习兴趣，持之以恒，滚雪球式地积累，会不断扩大词汇

量，会快速、准确、牢固地记住英语单词。但要注意以下两点：

第一，一定要按照相同词类划分归类，即名词对名词、形容词对形容词、动词对动词……

第二，要留意每对词或词组用法上的微妙区别。

同义、近义的词或词语有些可以互相替代，有些受不同场合和所修饰的词（名词或其他词类）的限制而不能相互代替，这就需要搞清它们在意思和用法上的区别。如good-looking只指长相好看；而handsome常描述男性的潇洒、英俊；pretty既可描述长相漂亮，又可用来描述乐曲、绘画等作品的悦耳和好看，还可用来描述物品与建筑物的玲珑、秀美，使用它描写相貌时，一般均指少女的漂亮；beautiful这种美不仅指长相漂亮，还常含有心灵美，若用其描写乐曲、绘画作品时，则是指对名曲、名画的褒奖之意。当你弄清这些，几个单词便会非常生动、清晰地留在记忆中，用一个时会牵动一串。

词组也同样，当看到try one 's best便可想到do one 's best，提起look after便能忆起take care of，见到worry about便会想到be afraid of。

轻松记忆历史的精选技巧

历史的内容多而繁杂，在学习的时候，应该变换着使用一些技巧，下面简单介绍几种。

第一，“注书立说”法

历史课是要求学生有一定理解深度的，光背是不行的。因此看课本时一定要一个字不放过，真正看懂；一定要一处不放松，真正想通。这里有一种“注书立说”法值得提倡。

所谓“注书”，就是学会在教材上做记号，写笔记。例如，将一般概念画单框，重点概念画双框。又例如，把不认识的字，不熟悉的词，注在空白处。其实，这种注书法古已有之，古人称之为“笺注”。

所谓“立说”，就是在教科书的天头地脚、字里行间写下自己的批语、观点、想法。如果是长篇大论，可写在白纸上，再粘贴在教科书的相关处。注意，这里应充分吸收他人的成果，将其他书上相关的成果移过来，为己所用，并不一定都是自己的论述。

“注书立说”法的一大优点是与教材紧密结合，“注”得越细，“说”得越多，对教材当然也就吃得越透。这样一本经过“注”、“说”的教科书，那真是成了复习的宝藏，学习的依靠。

第二，“以题带本”法

所谓“以题带本”法，就是以多做习题的方法来带动对课本的掌握。实践证明，这种方法收效显著。

使用“以题带本”法应注意以下几点：

一是要精选“带本”题。

题目必须做到紧扣教材，既不要过难，导致无从下手；也不要太容易，使人感到无味可寻。如复习西汉社会经济的发展一节时，设

计了下面几个题目：①西汉社会经济发展的原因是什么？具体表现怎样？②西汉时地主阶级是怎样控制和剥削农民的？造成了怎样的贫富差别？你也可依据自己的水平，选购编写较好的习题集。

二是不能光做不说。

针对问题，要积极地去画书，去想问题，去筛选答案。为了确保知识的准确性，对疑难问题可以和同学讨论。如“西汉社会经济发展的原因是什么？表现怎样？”一题，经过看书、讨论，明确了这一节的第一个小问题是论述“原因”，第二个小问题是论述“表现”，然后再抓住这两个小问题的要点，即是这道题的答案。

第三，数字图示法

数字是最有说服力的事实。在学习中，要灵活采用图、表等手段，使枯燥的数字变得直观形象、新颖，这样就容易理解、记忆。如：

例1：1930.12~1933.2国民党蒋介石向红色根据地连续发动了四次反革命围剿，对其增兵与败退情况做出图示，便可一目了然地看出蒋介石的疯狂性与军事作战指挥的无能性。

进攻次数	一	二	三	四	趋势
兵力	10万	20万	30万	50万	不断增兵
损失	9000	3万	3万多	3个师	节节败退

例2：讲完中国现代史“革命统一战线的建立”一章后，可用如下图示作为小结：

统一战线建立3大条件	→	孙中山转变3件事	→	中共“三大”3内容	→	国民党“一大”3内容	→	1924年5月~10月3件事

把上表归纳为5×3＝15个基础知识点，通过上述15个基础知识点，我们便可比较完整、轻松地掌握这一章的内容。

第四，表格学习法

在学习历史的时候，还要学会绘制历史表格。历史表格就是把复杂的历史问题用表解或表格的形式表达出来，表格要讲究科学性，形式则贵在独特而富有创造性。例如：

帝国主义五次战争简表

战争名称	发生原因	签订条约	结果影响
第一次鸦片战争	英国要打开中国的大门受中国人民的抵制	南京条约	中国开始沦为半殖民地半封建社会
第二次鸦片战争	英法等国为取得更多的侵略权益遭到拒绝	天津条约 北京条约	中国半殖民地化程度进一步加深
中法战争	法国以越南为基地侵略中国	中法条约	中国西南门户被打开
中日战争	日本企图侵占朝鲜进而侵略中国	马关条约	中国半殖民地化程度大大加深
八国联军侵华	为镇压义和团运动	辛丑条约	中国完全沦为半殖民地半封建社会

第五，年表复习法

近年来历史考试出题往往将中、外历史放在一起考。为此我们还要学会采用中外历史大事年表学习法。

年代	中国历史大事	世界历史大事
前594年	鲁国初税亩	雅典梭伦改革
11世纪	毕昇发明活字印刷术	加纳黄金的全盛时期
1640年	李自成提出“均田免粮”	英国资产阶级革命开始
1869年	中俄签订（尼布楚条约）	英国通过（权利法案）
1861年	那拉氏发动政变	俄国农奴制改革
1894年	戊戌变法	美西战争
1905年	中国同盟会成立	俄国资产阶级民主革命爆发
1920年	第一个共产主义小组在上海成立	共产国际第二次代表大会
1945年	国民党第三次反共高潮	共产国际宣告解散

第六，记忆历史时间

历史的发展顺序是用时间来表示的。时间，是构成历史事件的重要环节之一。因此学习历史，就自然要记住重要的历史时间，而这正是令大家头疼的事。要记住历史时间还真得讲究学习方法才行。

首先，弄清历史事件之间的内在联系，就不至于把历史事件的前后顺序颠倒。比如，有一位同学回答中国共产党成立的历史条件之一，是中国无产阶级壮大和成熟，具体表现是“二七”大罢工。

“二七”大罢工发生在建党之后，他为什么放到建党之前去了

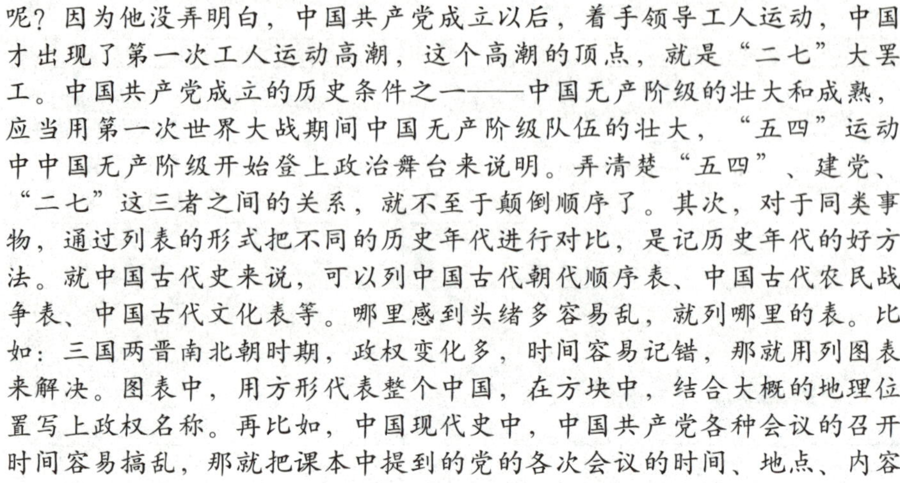

呢？因为他没弄明白，中国共产党成立以后，着手领导工人运动，中国才出现了第一次工人运动高潮，这个高潮的顶点，就是“二七”大罢工。中国共产党成立的历史条件之一——中国无产阶级的壮大和成熟，应当用第一次世界大战期间中国无产阶级队伍的壮大，“五四”运动中中国无产阶级开始登上政治舞台来说明。弄清楚“五四”、建党、“二七”这三者之间的关系，就不至于颠倒顺序了。其次，对于同类事物，通过列表的形式把不同的历史年代进行对比，是记历史年代的好方法。就中国古代史来说，可以列中国古代朝代顺序表、中国古代农民战争表、中国古代文化表等。哪里感到头绪多容易乱，就列哪里的表。比如：三国两晋南北朝时期，政权变化多，时间容易记错，那就用列图表来解决。图表中，用方形代表整个中国，在方块中，结合大概的地理位置写上政权名称。再比如，中国现代史中，中国共产党各种会议的召开时间容易搞乱，那就把课本中提到的党的各次会议的时间、地点、内容列成表。

不同类事物的历史年代，也可以通过比较帮助记忆。例如，公元前594年，中国的鲁国实行初税亩，标志奴隶社会土地制度的瓦解。同年，希腊雅典进行梭伦改革，巩固了那里的奴隶制。公元前476年，中国春秋时期结束，战国时期开始，中国开始进入封建社会。公元后476年，西罗马帝国灭亡，西欧奴隶制结束，封建制开始。这一段时期，中国的社会发展进程比西欧早将近1000年。

有些历史时间有偶然的巧合，发现它，也可以帮助记忆。比如从辛亥革命到“五四”运动之间的几次民主革命：1911年，辛亥革命；1913年，二次革命；1915年，护国运动；1917年，护法运动；1919年，“五四”运动。以上五个年代的数字都是奇数，而且组成了等差数列。

最后，要记好历史时间，必须弄清楚公元前、公元后、世纪等记录历史时间的方法。人们把传说中基督耶稣降生的那一年，定为公元元年，这以后的年代都称公元后，这以前的年代都称公元前。

世界大多数国家都用这种方法纪年。为了取得一致，我国从近代开始，也逐渐采用这种方法纪年。

史学家把100年称为一个世纪。公元前1—100年称公元前1世纪；公元前101~200年称公元前2世纪。公元后也是如此。

这就是说，称世纪时，在绝对数字的百位数上要加一。例如398年称4世纪末，512年称6世纪初，1982年称20世纪。同一个世纪中的几十年代，则和绝对数字的十位数相同，例如1982年是20世纪80年代，1924年是20世纪20年代。

第七，“五问一果”

所谓“五问一果”法，就是要问在什么地方、什么时间，由于什么原因发生了什么事情？这件事情是什么人做的？产生了什么结果和影响？

轻松记忆政治的优越法则

谚语助记法

运用民间的谚语说明一个道理的记忆方法称之为“谚语助记法”。

采用这种记忆方法的优越之处是：

第一，可激发自己的学习兴趣，促进学习的积极性，由厌学到爱学，由被动学习到主动学习。第二，可拓宽自己的思路，提高自己思维的灵活性。一些谚语如果不加利用，听过也就算了，但把这些谚语收集起来，联系自己的学习，既增加知识面，又锻炼了自己的思维能力。第三，能培养自己一种良好的学习习惯，刻苦钻研，从而在自己的学习生活中克服一个个难题，到达知识的彼岸。

当然我们在采用这种记忆方法时，还要注意以下几点：

1.谚语与原理联系要自然，千万不能生造谚语，勉强凑合。

2.谚语所说明的原理要注意准确性，千万不能乱搭配，不然就会谬误流传。

3.谚语应是所熟悉的，这样才能便于自己的记忆。

例如，“无风不起浪”、“城门失火殃及池鱼”……说明事物之间是相互联系的，是唯物辩证法的联系观点。

如“山外青山楼外楼，前进路上无尽头”、“刻舟求剑”等这些都说明了事物都是处于不停的运动、发展之中的，运动是绝对的，静止是相对的，这是唯物辩证法发展的观点。

如“一叶障目，不见泰山”、“头痛医头，脚痛医脚”、“天不变道亦不变”……这些都说明形而上学以片面观点审视问题的坏处。

如“一把钥匙开一把锁”、“量体裁衣，对症下药”……这些都是说明具体问题要具体分析，矛盾的特殊原理。

如“牵牛要牵牛鼻子”、“捡了芝麻，丢了西瓜”……这些都是

说明掌握主要矛盾的原理。

如“兼听则明，偏听则暗”，说明了矛盾的普遍原理，而“白马非马”说明了矛盾的普遍性与特殊性之间的关系原理。

如“勿以恶小而为之，勿以善小而不为”、“蚁穴溃堤”等，这些都是说明量变到质变的原理。

对于政治的学习，是有难度的，如能利用谚语，加深对所学基本原理的理解，许多难题就能迎刃而解。

自问自答法

自己当教师提问，自己又作为学生对所提问题进行回答的方法，称之为“自问自答法”。

采用这种方法来学习政治的优越之处是：

第一，运用自如，比较自由。需要学得深一些、透一些，可反复自问自答，直到熟练为止。也可以一遍即可，达到温故知新的目的。第二，这种记忆方法往往能立时见效，有事半功倍的效果。因为对任何问题的回答，通过大脑的思考、整理，再由口头表述清楚，这一思考、回答的过程已刺激了大脑皮层，在人脑中留下较深的印象。第三，锻炼了自己的逻辑思维、语句的组织和语言的表达能力。思考、回答问题，既要考虑从哪几个方面展开论证，又要组织语言的表述，这样做集解题、把思考、表述融于一体，久而久之就能锻炼自己，使思路敏捷、反应灵敏。

在我们学习过程中，一些最基本的问题就可以用“自问自答法”进行。例如：

问：商品的两个基本属性是什么？

答：是使用价值和价值。

问：货币的本质是什么？它的两个基本职能是什么？

答：货币的本质是一般等价物。价值尺度、流通手段是它的两个基本职能。

自问自答法不仅可用于基本概念和基本原理的学习中，而且一些较复杂知识的学习也可用此法进行，效果也很好。

比较复杂的学习内容，经过自问自答，就会条理清晰，便于记忆和理解，所以，“自问自答法”是一种比较常用的理想的记忆方法。

举一反三法

在学习过程中，对某个问题多次重复进行学习以达到记忆目的的方法称为举一反三法。

这是我们学习过程中一种常见和使用较普遍的记忆方法，运用此法的可取之处是：第一，“举一反三”可以使我们对某个问题

的理解和掌握达到熟练和运用自如的程度；第二，“举一反三”可以使我们对某个问题的认识有一定的深度与广度；第三，“举一反三”可以激发我们学习的兴趣，有利于我们学好、弄懂所学的知识。

“举一反三”的记忆方法并不是说同一问题简单重复三次至四次，而是对同一类问题从不同的角度，反复进行学习、练习、讨论，这样才能使我们较牢固地掌握知识，思维也较开阔，学得活、学得好、记得牢。

例如：我们在学习物质这一概念时，为了弄清楚其真正的含义，我们可反复从不同角度去深入理解。物质是永恒的，它既不能被创造，也不能被消灭；物质和物质的具体形态的关系是共通性和个体性的关系；物质的唯一特征应当是客观实在性。这些都围绕“物质是不依赖于人的意识并为人的意识所反映的客观实在”的概念而展开。经过这样多角度的理解、学习，我们基本上就能较好地掌握这部分知识，也就能辨别各类是非题，在头脑中留下深刻的印象，达到了记忆的目的。

又如对商品这一概念的理解，我们运用“举一反三法”，真正掌握了任何商品都是劳动产品，但只有用于交换的劳力产出才是商品；商品的价值是凝结在商品中无差异的人类劳动，如1件衣服能和3斤大米交换，是因为它们的价值是相等的。千差万别的商品之所以能够交换，是因为它们都有价值，有价值的物品一定有使用价值……如此从多种角度反复进行，就能牢固地掌握商品的基本概念及与它相关的一些因素，学得透彻，学得灵活，使我们真正获得知识，吸取精华。

对一些问题的理解也可以采用“举一反三法”，这样就能记忆长久。如生产力和生产关系的原理，可以说是始终贯穿人类社会的发展。要学好这一原理，我们可从不同角度提出问题，自行求解。例如：“运用生产力和生产关系的辩证关系原理，说明原始社会向奴隶社会转变的必然性。”诸如此类的问题，实际上都是围绕生产力与生产关系的原理而展开，我们从不同的角度去学习、练习，就能学得扎实，牢牢掌握，达到学习理论知识的目的。

在学习实践中，“举一反三法”更适合我们政治学科的学习，因为要求我们从多角度去理解，从而解决我们的思想和实际问题，这是一种值得推广的好方法。

轻松学地理记忆方法

许多人地理学不好，就是因为不会看着地图说话，其实地理就是一门看图说话的科目，一张地图中蕴涵丰富的信息，只要能够看图说话，就等于能把地理学好。

在看地形图时，只要能依据图标推估出该地区的气候、风向、植被、人文环境，就不会怕考试。

读地理时，在看完文字的叙述后，就要懂得看图说话，要训练自己有这样的习惯和能力。这是可以自我训练的，有了这样的训练后，我们的思考模式也会有所改变，久而久之，就会习惯这样的方式。

但是这样的过程需要一些时间，一开始读的时候，一定会觉得比较痛苦，因为我们的头脑尚未习惯这样的思考模式，所以会觉得很累也很不习惯，可是久而久之，读地理就会变得很轻松。

养成看图说话的习惯，就不用一直抱着课本学习，而且还可以自己推理出来，这样才是真的在学习，读的是活的知识，不是死的课本文字。

在看图说话的时候，还有一些技巧可以运用：

第一，直观读图法

各种地理图表中，有些图表的内容是浅显易见的，直观读图法多适用于讲地理事物的空间分布。如在讲我国降水量的空间分布时，可先在地图上找到年降水量最大的地方——台湾的火烧寮和年降水量最小的地方——新疆的托克逊，尔后在这两点间画一直线，再观察从东南向西北方向颜色的变化，便可知道“我国年降水量由东南沿海向西北内陆逐渐减少”。

第二，纵向联系法

学地理知识也和学其他知识一样，有一个循序渐进、由浅入深

的过程。用联系方法读地图，方可知道新知识的来龙去脉。如中国气候特点之一的“气候复杂多样”，我们只要在读好“中国温度带的划分”、“中国干湿地区”和“中国地形图”的基础上，把影响气候的诸因素联系起来，便可得出结论：“疆域辽阔，南北跨纬度广，东西距海远近差别极大，地势高低相差悬殊，地形类型齐全，分布错综复杂是造成气候复杂多样的主要原因。”又如世界气候类型的学习、亚洲主要山脉、高原与河流走向之间的关系等皆可用纵向联系法。

第三，横向对比法

学习地理时，特别是进行横向比较时，往往需借助地图，这样容易掌握地理事物的特点及其成因等。如在学习南美洲的地势地形时，可与北美洲的地势地形相比较。通过读图便知道，北美洲和南美洲相似之处都是由三大地形组成；而南美洲不同于北美洲，南美洲西部为高大的山脉，东部是平原与高原相间分布，北美洲则是南北纵列的三大地形。这样通过观察、比较，加深了对南、北美洲地势地形的认识。

第四，形象记忆法

地理中有不少国家、省、区、河流等的轮廓或形状要识记。如何尽快准确而又便捷地把它们记住，不妨采用看图形象记忆。如非洲大陆轮廓像是一个梯形和三角形的组合。意大利版图则像一只高跟的靴子在踢足球。青海省轮廓则像是一只兔子，西宁则是它的眼睛。黑龙江省轮廓亦像一只天鹅。江西省版图像是一幅束了发髻的女人头像。

长江呈“W”形，黄河则呈“几”字形。上海浦东像是长江这条巨龙的头，江、浙、皖则是龙颈。

第五，图像记忆法

这是一种将课本上的文字变成图或将课本上的图加以简化的方法。例如：

亚洲河流流向及下游平原分布图像：

亚洲地形中间高，四周低，河流呈放射状分流。在河流中下游多分布着冲积平原或河口三角洲。据上图可知其河流及平原分布规律。

西南三省水陆交通井字形图表：

联结西南三省四个重要城市的铁路，构成环形铁路，加上与其联结的水路、公路、总体结构，大致成为“井”字形：

第六，分块记忆法

在中国地理的学习中，掌握省级行政区的划分是十分重要的，它关系到以后学习气候，河流、矿产等地理现象、地理事物的分布及分区地理等各知识点。而“中国政区”图中各省地理位置的分布似乎比较乱，名称也较多，较难记忆，这样就成了我们学习中的难点。如何提高学习、掌握这张图的效果，做到事半功倍呢？这就必须运用正确的学习方法及记忆技巧。下面就介绍一种分块记忆方法。

(1) 准备两张空白的“中国政区”填充图，在学习的过程中作为练习。

(2) 先按地图册上的“中国政区”图，在预先准备好的其中一张填充图上填写一遍。这样，对我国23个省、5个自治区、3个直辖市有一个大概的了解。

(3) 开始仔细阅读，也可说“背诵”或“强化”记忆地图中的具体内容，进行分块学习与记忆。

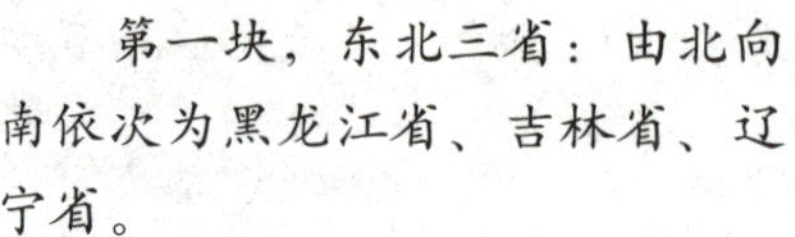

第一块，东北三省：由北向南依次为黑龙江省、吉林省、辽宁省。

第二块，中部两市四省：北京市、天津市。然后从河北省开始，在“中国政区”图的中间通过一条线，由北向南，依次为河北省、河南省、湖北省、湖南省。

第三块，两岛及沿海五省一市一区：两岛为台湾省和海南省。沿海五省一市一区由北向南依次为山东省、江苏省、上海市、浙江省、福建省、广东省和广西壮族自治区。

第四块，在第二块与第三块的中间，由北向南夹着安徽省和江西省。

第五块，西北及北部四省三区：由山西省往西画一条直线，从东往西依次穿过山西省、陕西省、宁夏回族自治区、甘肃省、青海省、新疆维吾尔自治区，再加上北部的内蒙古自治区。

第六块，西南三省一区：四川省、贵州省、云南省和西藏自治区。

(4) 练习与巩固。按这样的分块方法与步骤反复操练记忆，并且在另一张预先准备好的空白填充图上用铅笔试填。不要看已填好的图，自我检验学习的效果如何。如果出现差错，按上面的方法与步骤再次反复练习。六块内容一齐记忆有困难的话，可先练习第一至第四块内容，然后再练习第五和第六块内容。

轻松学生物的记忆奥妙

利用歌诀记忆

学习生物的一个难点，就是要记大量的概念。如果我们把一些难记的内容编成歌诀，不但增强了记忆，还可以提高学习兴趣。

那么怎样编写歌诀呢？例如，什么是鱼的侧线，它有什么生理功能，这在书上要用五六十个字来解释，又不好记。我们可以把它编成这样四句歌诀："鲤鱼体侧有侧线，水流方向它能辨，水的温度知高低，部分声波听得见。"这样就好记多了。又例如，对于肺泡的构造和生理功能，可以这样编写："肺泡构造实在巧，上皮细胞用不少，外面缠着毛细血管网，弹性纤维更是宝；能扩大，能缩小，气体交换条件好。"这几句话念起来顺口好记。

有的歌诀是提示性的，如昆虫外骨骼的功能，可以概括为："一固定，二附着，保护限制加阻挠。"在回答问题时，只要添上固定什么，附着什么，保护什么，限制什么和阻挠什么就可以了。

编歌诀的方法很多，对于在课本上比较分散的内容，可以概括在一起：关于花的知识，可以这样概

括："倭瓜花是单性花，雄蕊雌蕊两分家。茄子花是两性花，雌蕊雄蕊在一朵花。小麦花是风媒花，雌蕊柱头有分叉，黏液多，色不佳，轻小花粉随风刮。桃杏花是虫媒花，鲜艳花冠人人夸，芳香的花粉和花蜜，招引昆虫来采花。"植物叶子横切面的构造概括为："上下表皮，气孔、叶脉，栅栏、海绵，叶肉一块，保护细胞，色素例外。"

当然，不编歌诀，编一些别的东西来帮助记忆也是可以的。不管什么方法，只要能帮助我们达到记忆这个目的，就是好方法。

用串联法记忆一些系列名词，不妨胡编一些荒唐有趣的句子作为记忆的媒介。学到ＲＮＡ复制DNA难记之处，ＲＮＡ中的尿嘧啶"U"代替DNA中的胸腺嘧啶"T"，仅此一对调换可能把前面所学的东西全部搞混乱。你不妨想象成痰盂(U)和痰盂盖(T)当然是一类，可以在不同的复制中替代。再如，初学心脏结构中心室和心房，哪个在上哪个在下容易混，你可记着"上房子，下地下室——上房下室——心房在上，心室在下"，就记住了。使用中间媒介的串联记忆法是一种被人们广泛使用于记忆的好方法。但是，它必须建立在对知识名词相当熟悉的基础上，只需一提醒就立刻能回忆出来。如果对知识十分陌生，串联法也无能为力。有些知识能串联编出"故事"，有些一时编不出来，就不要硬编，硬编出来反而费时间。

"连环画归纳法"

在这里介绍一种叫作"连环画归纳法"的学习方法，这种方法简便实用，效果良好。

学习每一门学科都应抓住该学科的特点。那么，生物学科有什么特点呢？我认为，它的最大特点就是"图文并茂"。每一幅图都是很多相关知识的形象的集中表现，只要我们能很好地利用它，就可以从图入门，走一条求知的捷径。边看图，边看文字说明，既形象又明白。生物知识也很有系统性，纵观两书的目录，《生物》从分子角度主要讲了生物的四大基本特征：新陈代谢、自我调节、生殖、发育、遗传、变异。《生理卫生》里有八大系统，其中循环、消化、呼吸、泌尿系统可归入新陈代谢，内分泌、神经系统可以归入自我调节，这么一整理，大致的架子立起来了，知识结构就趋于明朗了。

生物知识易懂，"水分"就显得多了点，也就易忘难记。怎么压缩"水分"呢？选关键词是个好办法。每复习完一章后，就要先选出目录里的关键词。其次是各个小标题的，然后是小标题下的文字，最后只看关键词就能把握住整个章节的内容。这样试过几次以后，你一定会惊奇地发现，自己手中好像有了神奇的“土壤”一样，只需叫声“长”，知识就会扩展开来，井井有条地浮现在你的脑海里。而且关键词还可以压缩，每隔一段时间压一次，等于又复习了一遍，压到最后，每一个恰当的关键词都会引起你会心的笑——因为你开始有掌握知识的自由了。

当然，最好的办法是把形象的图像加上精当的关键词，这样，你就可以更生动形象、简明扼要地归纳知识了。先一章一章地熟悉后，从章节间找关系，再联系一幅完整的图像。图像最好自己绘制，便于合理压缩、归并。如果再加上合适的颜色，大胆的联想，就更显得亲切、自然，当然就容易记而不易忘了。关键词最好先用铅笔写上，便于以后逐步精减，最后压缩到一两个字，到以一当十、当百的程度。制图时，最重要的东西一定要放在中间，之后依次向四周辐射。开始做可能不习惯，但不出三五天，你就可以得到一套精美的“连环画”。这时的你，可能会游刃有余，回旋自如了！

“连环画归纳法”的确是抓住了生物这门学科的要害。生物这门学科的特点之一就是具体，不管是动物、植物还是微生物，都是有形状的，不比数学、物理，有许多是抽象的东西。

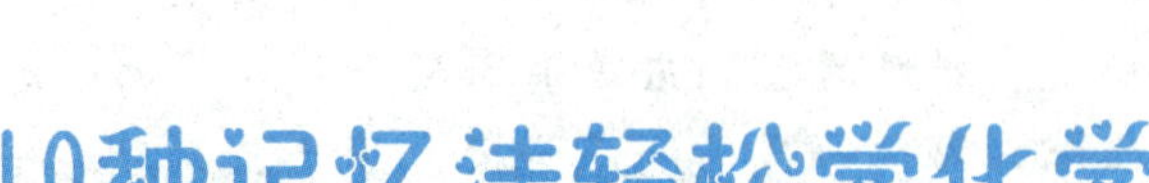

10种记忆法轻松学化学

在这里，给大家简单介绍十种化学的记忆法：

第一，理解记忆法

记忆有机械记忆和理解记忆之分。理解记忆是建立在对事物内在规律理解的基础上的记忆，其效果远远超过死记硬背的机械记忆。

例如，记忆溶解度概念时，由于此概念文字较长，层次又多，理解得不深，学生往往会死记硬背，形成机械记忆。这不仅易忘，而且常常在解决实际问题时出现各种错误，要变机械记忆为理解记忆，就先对此概念进行剖析，把它分成4个小概念，即溶解度的四个要素：①温度一定；②溶剂必须为100克；③一定是饱和溶液；④单位为克。把这几个要素搞清楚了，能记得更牢固更准确了，学起来就更轻松了。

第二，有意记忆法

记忆可分为有意记忆和无意记忆。有意记忆是有预定目标并采用一定方法和步骤，经过一定努力的记忆方法，这种记忆方法，由于我们学习目标明确，注意力集中，有较高的自觉性和积极性，大脑细胞处于强烈的兴奋状态，从而产生深刻的印象，记得快而且牢固。

例如，在听课过程中我们会发现，老师讲金属活动顺序表，要求熟记，并一再强调它的重要性并举例说记不住的危害，同时告诉我们将15种元素，分成三句，每句5种元素的记忆顺序，并留出一些时间当堂记忆，当堂比赛。大家的积极性、主动性一下高涨起来。在这种气氛中，我们就在有意无意中记住了，而且十分奏效。

第三，分散记忆法

对于一些繁多，但必须直接记忆的化学知识，那就要求采用分散记忆的方法，以提高自己的兴趣和信心，增强记忆的效果。

例如记元素符号是比较枯燥乏味的，而又是必须直接记忆的内容，在第二章第三节一下子就出现了30多种元素符号，如果我们一下子堆到一起去强记，就会使自己感到压力太大，从而降低了学好化学的兴趣和信心。如果采取分散难点，分批记忆，不断复习、检查，记忆的效果就要好一些。

第四，联系实验记忆法

化学是一门以实验为基础的学科。化学实验能使学生获得丰富的大量的感性认识，能在头脑中留下深刻的记忆。

例如记忆化学方程式时，通过联系有关的化学实验，就能使枯燥单调的化学方程式感性化而易于记忆。如写铁丝在氧气中燃烧的化学方程式，联系老师讲的实验现象，铁是黑色固体，是Fe_3O_4，而不生成Fe_2O_3，因此不是红褐色。这样对这个方程式就记忆得比较牢固准确了。

第五，对比记忆法

不同事物之间总有区别，有比较才有鉴别，抓住事物的本质区别。记忆起来就比较牢固了。对比记忆又分相似对比记忆，相反对比记忆和列表对比记忆等法。

在讲一氧化碳的化学性质时，通过对碳和氢气的比较，得出它们都具有可燃性、还原性的相似的化学性质，就属相似对比记忆。两个截然相反的概念，经过对比分析，不但能弄清各自的特点，不容易混淆，而且记忆得也更牢固准确。如将化合反应与分解反应，单质和化合物，纯净物和混合物，电解质和非电解质等概念经过分析对比进行记忆，就属相反对比记忆法，应用十分普遍。

对一些易混淆的概念、原理，还可通过设计一些表格，让学生填写后比较，这样对比鲜明，内容直观具体，既容易区别异同，更容易记忆，属列表记忆法，如对溶解度和百分比浓度可列表比较。比较项目包括意义、温度要求、溶剂量、溶液是否饱和、单位、计算公式、二者的关系等。

第六，归纳记忆法

将大量零散的孤立的知识，经过综合归纳，找出之间的相互关系，并连成网络，使知识条理化、系统化。这样大大缩短了我们的记忆过程，从而达到以一当十的效果。

例如复习初中化学第五章时，我们可将物质进行以下分类。

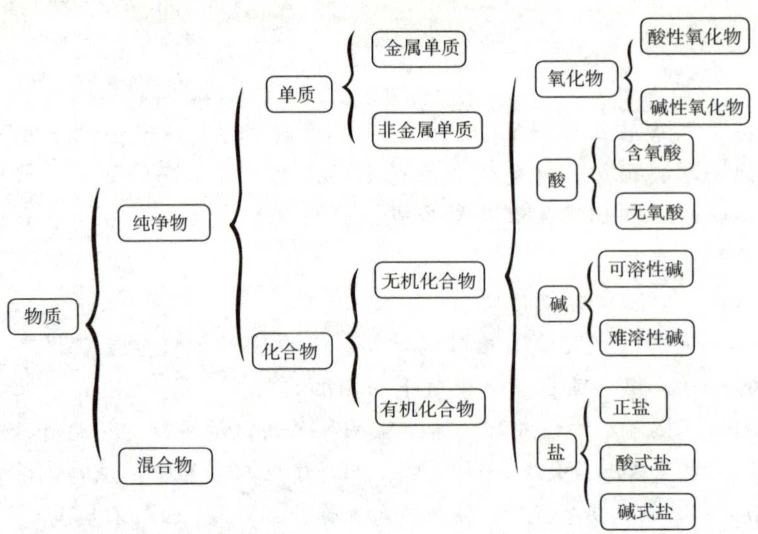

第七，形象记忆法

用感知过的事物形象为基础来记忆的方法是形象记忆法。有些基本概念和理论是比较抽象且又难以用实验直接观察到的，此时可用形象的描写、生动的比喻来加深理解和记忆。

例如，分子的概念。由于分子是肉眼看不到的，我们用“假设将一滴水放大到和地球一样大的体积，水的一个分子就和足球一样大”来比喻分子很微小。

第八，趣味记忆法

趣味记忆法，即寓知识于趣味之中的记忆方法，通常利用谐音、顺口溜、歌诀等帮助记忆。

例如，氢气还原氧化铜的操作顺序，可在理解的基础上编成顺口溜“氢气早出晚归，酒精灯迟到早退”。石蕊试液在酸碱液中的变色规律记为“山（酸）里红，碱里蓝”。另外像常见的元素的化合价口诀和盐的溶解性等都很容易记。由于读来朗朗上口，所以大大增强了记忆的效果。

第九，改错记忆法

改错是正确认识的开始。改错能为我们提供新的深刻的信息反馈。所谓“吃一堑，长一智”，因此要有意识地通过改错加深记忆。

例如，我们可以对汇集卷及作业中的错处进行分析，查找原因，改正错误，并写出改错小结。有时还可以出一些改错习题练习。如，凡是能导电的物质都是电解质；食盐晶体不能导电，它不是电解质等。

第十，复习记忆法

根据记忆规律，记忆和遗忘总是相伴存在的一对矛盾。已经贮存的知识信息，若不反复运用，强化信息的痕迹将会自动丧失，因此为了防止知识的遗忘，为了使化学知识在头脑中加深痕迹，在大脑中建立较牢固的神经联系，就必须有计划有目的地复习。复习要注意及时性、经常性和综合性。

让物理轻松记忆的捷径

三多法

所谓“三多”，是指“多理解，多练习，多总结”。多理解就是紧紧抓住课前预习和课上听课，真正听懂；多练习，就是课后多做习题，真正掌握；多总结，就是在考试后归纳分析自己的错误、弱项，以便日后克服，真正弄清自己的优势和弱点，从而更明白日后听课时应多理解什么地方，课下应多练习什么题目，形成良性循环。

多理解，即多层次、多角度地理解。平时我一直坚持先预习后上课再复习的方法。预习，大体可分为粗读、精读和练习三步。先粗略看一下所要学的内容，对重要的部分以小标题的方式加以圈注，接着便仔细阅读圈注部分，进行深入理解，即精读。对理解上有困难的，加上着重号，然后试做书后练习，对不会做的也加上着重号，上课时可有目的地听老师讲解难点，解答疑问。这样便使知识理解得较全面、透彻。课后进行复习，除了对公式定理进行理解记忆，还要深入理解老师的讲课思路，理解解题的“中心思路”，即抓住例题的知识点对症下药，应用什么定理和公式，使其条理化，程序化。

多练习，既指巩固知识的练习，也指心理素质的“练习”。巩固知识的练习不光是指要认真完成课内习题，还要完成一定量的课外练习。但是不要搞“题海战术”，应该有选择地做一些有代表性的类型题，基础好的同学可以做一些能提高综合应用能力、加强解题技巧的提高题。而另一方面，要注重心理素质的训练。平时要注意调整自己的心态，培养健康向上开朗乐观的心理素质，避免消沉委靡，心浮气躁。只有这样，才能在考场上充分发挥自己的脑力，甚至能超常发挥。在平常做练习的时候，便把它当考试对待，迅速认真地完成它。这样既节约了时间又锻炼了自己的心理素质。这样“考”惯了，考试

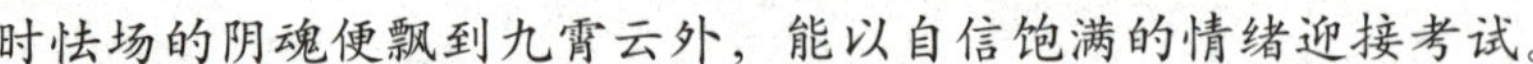
时怯场的阴魂便飘到九霄云外，能以自信饱满的情绪迎接考试。

多总结，首先要对课堂知识进行详细分类、整理，特别是定理，要深入理解它的内涵、外延、推导、应用范围等，总结出各种知识点之间的联系，在头脑中形成知识网络。其次要对多种题型的解答方法进行分析和概括。拿机械波问题的多解性来说，在深入理解后要总结出发生原因：波的传播过程中由于周期性带来多解的可能，一般解题规律是波的传播方向上相距为波长整数倍的质点振动情况相同，相距为半波长基数倍的质点振动情况相反。

实验记忆法

实验是中学物理教学的重要一环，重视实验复习不仅有助于牢固掌握物理知识和提高实验技能，而且还会提高对物理概念和规律的记忆效果。不过，物理实验这一部分内容与物理理论毕竟还不太一样，在复习方法上理应有所区别。下面介绍一些行之有效的物理实验复习法：

第一，通过现场操作复习。把实验仪器放在实验桌上，根据实验原理、目的、要求，老师经常要求我们分组进行现场操作。

如复习“用伏安法测电阻”时，电键、安培表、伏特表各两只，滑动变阻器、学生电源、小灯泡、小型电动机、待测电阻各一只，导线若干，老师经常让我们选择实验所需的器材按要求连接好实物图，分组单独操作，比连图正确率、比实验步骤规范性、比实验误差要小、比答辩正确及其实验思维的灵活性。

这种复习方法的优点是既能了解你对仪器的用途、使用方法，又能考查你对某一实验目的要求的掌握程度。同时也能培养你的动手能力。

第二，通过信息反馈复习。就那些在实验过程中发生、发现的问题进行共同讨论，及时纠错，达到复习巩固物理概念的目的。

利用此方法复习，能及时解决你那些“不起眼”的疏漏之处，收到“短平快”的效果。

第三，通过是非辨析复习。老师在实验复习中，有意在仪器的连接或安装、实验的步骤、读数记数等方面设置错误，目的是让我们分辨是非，明确该怎样做好某个实验。

如复习“测定小灯泡的额定功率”时，我们可以故意不按老师讲课时的方法组装实验仪器，在动手中发现问题，解决问题，再用正确的连接方法，说明理由。通过动手，可以发现很多新的东西哦！

这种复习方法能很好地提高我们的是非判断能力，也能考核我们对实验基础知识和基本技能等方面的掌握程度，使我们理解这样做的道理，更易于接受。

第四，通过联系复习。就是在复习某一实验时，把与之相关的其他实验联系起来复习。

如复习“测定物质的比热”时，在使用实验器材中，除了量热器外还有天平、量筒、温度计等，所以在实验中除了复习物质比热测定的操作过程外，还对天平、量筒、杯、温度计的使用也分别进行复习。

这种方法能取得复习一点带动一片的效果。

第五，通过编口诀复习。将实验操作过程编成口诀或顺口溜，自己复习增加记忆。

如天平的使用是初中物理实验中重要的实验之一，要求人人掌

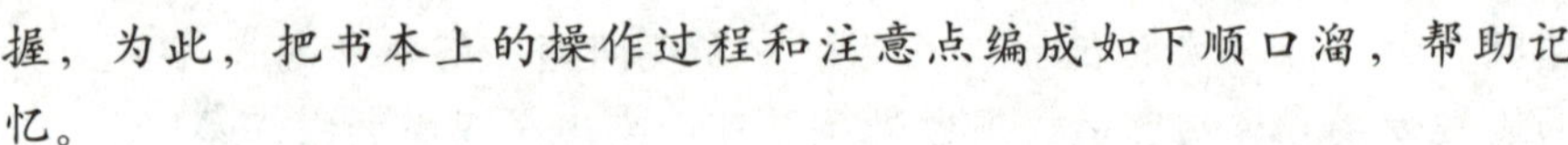

握，为此，把书本上的操作过程和注意点编成如下顺口溜，帮助记忆。

小小天平准确精，放物超重不能称。
使用之前先调整，水平放置后平衡。
左盘中央放称物，砝码放在右盘中。
取放砝码用镊子，切记不可用手碰。
指针示中为天平，称后砝码放盒中。

利用这种复习方法，我们就感到轻松、愉快、好掌握多了。

第六，通过提问复习。针对某一实验，总结几个问题提问，达到复习巩固有关物理概念的目的。

如复习“温度计的使用”时，可以总结这样几个问题和同学们一起讨论：1.煤油温度计、酒精温度计、水银温度计有什么不同？2.实验室里常用的温度计是什么温度计？它与医用温度计相比有什么不同？它们的制造原理是什么？3.温度计的细管中为什么不灌入水？使用时应注意哪些？4.伽利略温度计是怎样判断气温高低的？它有什么不足之处？

这种复习方法能将实验知识挖得深，讲得透，有时和其他方法混合使用，复习效果更佳。

第七，通过问卷复习。通过试卷练习的形式对课本中的实验知识系统复习。这种方法大家常用，这里不再举例说明，它不同于试卷考核，主要通过试卷的形式发现问题对症下药。让学生各自明了自己的弱点，以便取得花时少收效快的目的。

这种方法复习面广，最能反映我们的总体水平。